A BELEZA DA VIDA

A INCERTEZA, A MUDANÇA, A FELICIDADE

Outros livros de Pema Chödrön publicados pela Gryphus Editora

. *Quando tudo se desfaz* – orientação para tempos difíceis
. *Sem tempo a perder* – um guia útil para o Caminho do *Bodhisattva*
. *O salto* – um novo caminho para enfrentar as dificuldades inevitáveis

A BELEZA DA VIDA

A INCERTEZA, A MUDANÇA, A FELICIDADE

Pema Chödrön

Tradução de Marilene Tombini

GRYPHUS

Trecho do poema "Dream Corridor" (página 39) foi extraído de *Fuck You, Cancer & Other Poems*, de Rick Fields (Berkeley, CA: Crooked Cloud Project, 1997). Utilizado com a permissão de Zaentz Media Center. A oração na página 139 foi reproduzida com a permissão de Dzigar Kongtrül. Trechos utilizados da tradução de *The Way of the Bodhisattva (Bodhicharyavatara)* © 1997 de Padmakara Translation Group foram reproduzidos com permissão. Trechos de *The World of My Perfect Teacher* © 1994 foram reproduzidos com a permissão do Padmakara Translation Group.

"by arrangement with Shambhala Publications, Inc., 300 Massachusetts Ave., Boston, MA 02115, USA"

Editoração eletrônica
Rejane Megale Figueiredo

Revisão
Gilson B. Soares

Capa
Julia Neiva

Adequado ao novo acordo ortográfico da língua portuguesa

CIP-BRASIL. CATALOGAÇÃO-NA-FONTE
SINDICATO NACIONAL DOS EDITORES DE LIVROS, RJ

C473b

Chödrön, Pema, 1936-
A beleza da vida : a incerteza, a mudança, a felicidade / Pema Chödrön ; tradução Marilene Tombini. - 1. ed. - Rio de Janeiro : Gryphus 2014.
156 p. : il. ; 21 cm.

Tradução de: Living beautifully with uncer tainty and change
Inclui bibliografia
ISBN 978-85-8311-024-8

1. Vida espiritual - Budismo. I. Título.

14-13717 CDD: 294.3444
CDU: 24-584

GRYPHUS EDITORA
Rua Major Rubens Vaz, 456 — Gávea — 22470-070
Rio de Janeiro — RJ — Tel.: (0XX21) 2533-2508
www.gryphus.com.br — e-mail: gryphus@gryphus.com.br

Que as aspirações de
Chögyam Trungpa Rinpoche,
Druk Sakyong
e Dorje Dradül de Mukpo,
se realizem rapidamente

Sumário

Prefácio

Os ensinamentos deste livro foram transmitidos em Gampo Abbey, um mosteiro budista tibetano em Cape Breton, na Nova Escócia, Canadá, em 2009, durante o retiro de inverno com duração de seis semanas conhecido como Yarne. Baseiam-se vagamente no conteúdo budista tradicional pertencente aos chamados Três Votos: o Voto do Pratimoksha, o Voto do Bodhisattva e o Voto do Samaya.

Geralmente, quando esse conteúdo é apresentado, fica entendido que esses votos seriam feitos formalmente com um professor. O Voto do Pratimoksha viria em primeiro lugar, sendo depois seguido pelo Voto do Bodhisattva. Finalmente, se o discípulo decidir trabalhar com um mestre Vajrayana, ele fará o Voto do Samaya.

Aqui, preferi ensinar esses votos de um modo mais geral, apresentando-os na forma de três compromissos que qualquer um, de qualquer religião – ou sem religião – possa cumprir, como forma de lidar com a natureza impermanente e sempre mutável da nossa experiência existencial, como uma forma de utilizar nossa experiência cotidiana para despertar, reanimar-se, esclarecer-se e ser mais amoroso e mais consciente dos outros seres.

Que essa abordagem admitidamente não convencional de uma matéria tradicional possa ser útil e estimulante para todos que lerem este livro. E que alguns leitores possam até ficar curiosos sobre o modo tradicional de fazer esses votos como parte do caminho budista para a iluminação.

— Pema Chödrön

A Sinopse

Viver é uma forma de não ter certeza, de não saber o que vem adiante e nem como. No momento em que se sabe como, começa-se a morrer um pouco. O artista nunca sabe inteiramente. Nós supomos. Podemos estar errados, mas damos um salto no escuro, um após outro.

— Agnes de Mille

1

A essencial ambiguidade de ser humano

A vida é como entrar num barco que está para zarpar e afundar no mar.

— Shunryu Suzuki Roshi

Como seres humanos, compartilhamos a tendência de bracejar por certezas sempre que percebemos tudo à nossa volta em fluxo. Em horas de dificuldade, o estresse de tentar encontrar terra firme – algo previsível e seguro em que ficar – se intensifica. Na verdade, porém, a verdadeira natureza da nossa existência está eternamente em fluxo. Tudo está em constante mudança, estejamos cientes disso ou não.

Que apuro! Parecemos condenados a sofrer simplesmente por termos um temor arraigado do modo como as coisas realmente são. Nossas tentativas de encontrar prazer e segurança duradouros ficam em conflito com o fato de sermos parte de um sistema dinâmico, no qual tudo e todos fazem parte do processo.

Então é aí que nos encontramos: bem no centro de um dilema. E ele nos deixa com questões provocantes. Como é que podemos nos entregar à vida, encarando a impermanência, sabendo que um dia iremos morrer? Como é perceber que nunca poderemos, completa e finalmente, deixar tudo perfeitinho? Será possível aumentar nossa tolerância a instabilidade e mudança? Como podemos fazer amigos com a imprevisibilidade e a incerteza – e adotá-los como veículos de transformação das nossas vidas?

O Buda chamou de impermanência uma das marcas distintivas da nossa existência, um fato incontestável da vida. No entanto, parecemos resistir com toda força a isso. Achamos que bastaria fazermos isso e não fazer aquilo para, de algum modo, conseguirmos uma vida segura, digna de confiança e controlável. Ficamos muito decepcionados quando as coisas não saem bem do modo como planejamos.

Não faz muito tempo, li uma entrevista com o correspondente de guerra Chris Hedges na qual ele usou uma expressão que me pareceu uma descrição perfeita da nossa situação: "a ambiguidade moral da existência humana". Creio que isso se refere a uma escolha fundamental com que todos nos confrontamos: a de nos agarrarmos à falsa segurança de nossas ideias fixas e pontos de vista tribais, mesmo que isso só nos traga uma satisfação momentânea, ou de superar nosso medo e dar o salto para ter uma vida autêntica. Aquela expressão, "a ambiguidade moral da existência humana", teve uma forte ressonância em mim porque é o que venho explorando há anos. Como é que podemos relaxar e ter uma relação autêntica, apaixonada com a incerteza essencial e a falta de chão, o desenraizamento de ser humano?

Meu primeiro professor, Chögyam Trungpa, costumava falar da ansiedade essencial de ser humano. Essa ansiedade ou mal-estar diante da impermanência é algo que aflige mais que uns poucos; é um estado que tudo permeia, sendo compartilhado pelos seres humanos. Mas se, em vez de ficarmos abatidos com a ambiguidade e a incerteza da vida, aceitássemos e relaxássemos em meio a isso? E se disséssemos "Sim, é assim que as coisas são; é isso que ser humano significa", e decidíssemos nos acomodar e aproveitar o passeio?

Felizmente, o Buda deixou muitas instruções para que isso se realizasse. Entre elas encontra-se o que é conhecido na tradição do budismo tibetano como os Três Votos ou Três Compromissos. São três métodos para abraçar a natureza caótica, instável, dinâmica, desafiadora de nossa situação como caminho para o despertar. O primeiro compromisso, tradicionalmente denominado o Voto do Pratimoksha, é o fundamento para a libertação pessoal. É o compromisso de fazer o melhor possível para não causar dano com nossas ações, palavras ou pensamentos, o compromisso de sermos bons uns com os outros. Ele proporciona uma estrutura em que se aprende a trabalhar com nossos pensamentos e emoções e a se abster de falar e agir em resultado da confusão. O próximo passo para ficarmos confortáveis com o desenraizamento é o compromisso de ajudar os outros. Tradicionalmente denominado Voto do Bodhisattva, é o compromisso de dedicar nossas vidas a manter coração e mente abertos e a nutrir nossa compaixão com o desejo de atenuar o sofrimento do mundo. O último dos Três Compromissos, tradicionalmente conhecido como o Voto do Samaya, é a resolução de abraçar o mundo bem como ele é, sem preconceito. É um compromisso de ver tudo que encontramos, bom e mau, agradável e doloroso, como uma manifestação da energia desperta. É o compromisso de ver todas as coisas como meios para podermos ficar ainda mais despertos.

Mas o que significa a essencial ambiguidade de ser humano em termos da vida cotidiana? Acima de tudo, significa entender que tudo muda. Como Shantideva, mestre budista do século VIII, escreveu em *The Way of the Bodhisattva*:

Tudo que possuo e uso
é como a visão fugaz de um sonho.
Some nos domínios da memória;
e, sumindo, não será mais visto.

Quer estejamos conscientes ou não, o chão está sempre se movimentando. Nada dura, inclusive nós. É provável que haja muito poucas pessoas que, num momento ou outro, se preocupe com a ideia “Vou morrer”, mas há muitas evidências de que esse pensamento, esse medo nos persiga constantemente. “Eu também sou uma coisa breve e passageira”, observou Shantideva.

Então, como é ser humano nesse estado ambíguo e improcedente? Antes de tudo, nos agarramos ao prazer e tentamos evitar a dor, mas, apesar de nossos esforços, estamos sempre alternando entre os dois. Com a ilusão de que a segurança e o bem-estar constante representam o estado ideal, fazemos todo tipo de coisas para tentar atingi-lo: comemos, bebemos, nos drogamos, passamos horas *online* ou assistindo a TV. Apesar disso, nunca atingimos o estado de satisfação inabalável que buscamos. De vez em quando nos sentimos bem: fisicamente não há dor e mentalmente tudo vai bem. Então a situação muda e somos atingidos pela dor física ou angústia mental. Imagino que até seria possível fazer um gráfico da alternância de prazer e dor em nossas vidas, a cada hora, um dia após o outro, ano vem, ano vai, sendo que primeiro um predomina e depois o outro.

A causa do nosso sofrimento não é a impermanência por si só, nem o fato de sabermos que vamos morrer, pensou o Buda, mas sim nossa resistência à incerteza essencial da nossa situação. O desconforto surge de todos os nossos esforços para colocar um chão sob os pés, para realizar nosso sonho de estar constantemente bem. Quando resistimos à mudança, chama-se sofrimento. Mas, quando conseguimos entregar os pontos de vez e não lutar contra isso, quando conseguimos abraçar a falta de base da nossa situação e relaxar em sua qualidade dinâmica, chama-se iluminação, ou o despertar para nossa natureza verdadeira, para nossa bondade essencial. Outra palavra para isso é *liberdade* – liberdade de lutar contra a essencial ambiguidade de ser humano.

A essencial ambiguidade de ser humano indica que, por mais que queiramos, nunca podemos dizer: "Esse é o único caminho verdadeiro. É assim que é. Fim de conversa." Em sua entrevista, Chris Hedges também falou sobre a dor resultante da insistência de um grupo ou religião de que seu ponto de vista é o verdadeiro. Como indivíduos, também, temos muitas tendências fundamentalistas e as usamos para nos reconfortar. Ficamos agarrados a uma posição ou crença num esforço de explicar direitinho a realidade, relutantes em tolerar a incerteza e o desconforto de ficar abertos a outras possibilidades. Seguramo-nos a essa posição como nossa plataforma pessoal e nos tornamos muito dogmáticos a respeito.

A raiz dessas tendências fundamentalistas, dessas tendências dogmáticas, é uma identidade fixa – uma visão fixa que temos de nós mesmos como bons ou maus, importantes ou não, isso ou aquilo. Com uma identidade fixa, precisamos nos ocupar com a tentativa de reorganizar a realidade, pois ela nem sempre se adéqua ao nosso ponto de vista.

Quando vim para Gampo Abbey, eu me considerava uma pessoa apreciável, bondosa e de mente aberta. Parte disso era verdade, mas havia outra que não. Em primeiro lugar, eu era uma terrível diretora. Os outros residentes sentiam-se desabonados por mim. Eles apontavam meus defeitos, mas eu não conseguia ouvir o que diziam porque minha identidade fixa era muito forte. Cada vez que novas pessoas chegavam para morar no mosteiro, eu era alvo do mesmo tipo de opinião negativa, mas ainda não ouvia. Isso prosseguiu por alguns anos até o dia, como se todos eles se tivessem reunido para uma intervenção, em que finalmente ouvi o que todos me diziam sobre como meu comportamento os afetava. Enfim, a mensagem foi recebida.

É isso que significa estar em negação: a pessoa não consegue ouvir nada que não se encaixe em sua identidade fixa. Mesmo algo positivo – a pessoa fez um ótimo trabalho ou tem um senso de humor maravilhoso – é filtrado por essa identidade fixa. A pessoa não consegue assimilar, a menos que já faça parte de sua autodefinição.

No Budismo, chamamos a noção de uma identidade fixa "apego ao ego". É o modo pelo qual tentamos colocar solidez sob nossos pés num mundo em constante mudança. A prática da meditação começa a erodir essa identidade fixa. Ao sentar-se para meditar, a pessoa começa a se ver com mais clareza e percebe como se sente atraída pelas opiniões sobre si mesma. Geralmente, o primeiro golpe contra a identidade fixa é precipitado por uma crise. Quando as coisas começam a desmoronar na vida da pessoa, como aconteceu na minha quando vim para Gampo Abbey, a gente sente como se o mundo todo estivesse se esfarelando. Na verdade, porém, o que está se esfarelando é a sua identidade. E, como Chögyam Trungpa nos dizia, isso é motivo para comemoração.

O propósito do caminho espiritual é desmascarar, retirar nossa armadura. Quando isso acontece, a sensação é de uma crise porque *é* uma crise – crise da identidade fixa. O Buda achava que a identidade fixa é a causa do nosso sofrimento. Olhando em maior profundidade, poderíamos dizer que a causa real do sofrimento é a incapacidade de tolerar a incerteza – e achar que é perfeitamente são, perfeitamente normal negar o desenraizamento essencial de ser humano.

Apego ao ego é nosso meio de negação. Uma vez tendo a ideia fixa "isto sou eu", enxergamos tudo como uma ameaça ou promessa – ou como algo que não nos importa nem um pouco. Seja o que for que se encontre, ficamos atraídos, sentimos aversão ou indiferença, dependendo do quanto isso representa uma ameaça a nossa autoimagem. A identidade fixa é nossa falsa segurança. Nós a mantemos filtrando todas as experiências através dessa perspectiva. Quando gostamos de alguém, geralmente é porque a pessoa nos faz sentir bem. Ela não estraga nossa viagem, não perturba nossa identidade fixa, então somos amiguinhos. Quando não gostamos de alguém – a pessoa não está em nosso comprimento de onda, portanto, não queremos andar com ela – geralmente é porque ela desafia nossa identidade fixa. Ficamos desconfortáveis na presença dela porque ela não nos reafirma do modo que queremos e assim não podemos funcionar do modo que desejamos. Muitas vezes pensamos nas pessoas de quem não gostamos como nossas inimigas, mas na verdade elas são importantíssimas para nós. São nossos maiores mestres: mensageiros especiais que aparecem bem quando necessitamos deles para que apontem para a nossa identidade fixa.

O desconforto associado ao desenraizamento, à essencial ambiguidade de ser humano, origina-se no nosso apego de querer as coisas de um certo modo. A palavra tibetana para apego é *shenpa*. Meu mestre Dzigar Kongtrül chama *shenpa* de barômetro do apego ao ego, uma medida do nosso autoenvolvimento e autoimportância. *Shenpa* possui uma qualidade visceral associada ao segurar ou, inversamente, ao afastar. Esse é o sentimento de *eu gosto, eu quero, eu preciso* e de *eu não gosto, eu não quero, eu não preciso, eu quero isso longe.* Penso em *shenpa* como ser fisgado. É aquela sensação de estar imobilizado, aquele aperto, fechamento ou batida em retirada que experimentamos quando ficamos desconfortáveis com o que está acontecendo. *Shenpa* também é a urgência de encontrar alívio desses sentimentos por meio do apego a algo que nos dá prazer.

Qualquer coisa pode desencadear nossos apegos: alguém que critique nosso trabalho ou nos olhe atravessado; o cachorro que mastiga nosso sapato favorito; quando derramamos algo na nossa melhor gravata. Num minuto estamos bem, no próximo algo acontece e de repente estamos fisgados por raiva, inveja, culpa, recriminação ou dúvida em nós mesmos. Esse desconforto, essa sensação de sermos acionados porque as coisas não estão "certas", porque desejamos que durem mais ou que desapareçam, é a experiência sentida, a experiência visceral da essencial ambiguidade de ser humano.

Em sua maior parte, nosso apego, nosso *shenpa*, surge involuntariamente – é nossa reação habitual à sensação de insegurança. Quando somos fisgados, nos voltamos para qualquer coisa que alivie o desconforto – comida, álcool, sexo, consumo, ficamos críticos ou grosseiros. No entanto, quando surge essa tensão, há algo mais proveitoso que podemos fazer. Assemelha-se ao modo pelo qual podemos lidar com a dor. Uma forma popular de se relacionar com a dor física é a meditação da plena atenção. Isso se faz direcionando toda a atenção para a dor enquanto se inspira e expira, tendo como base o ponto que dói. Em vez de tentar evitar o desconforto, a gente se abre totalmente a ele. Fica-se receptivo à sensação de dor sem ficar residindo na história que a mente maquinou: *é ruim; eu não devia me sentir assim; talvez nunca acabe.*

Quando você entra em contato com o sentimento nervoso de *shenpa*, a instrução básica é a mesma dada para lidar com a dor física. Seja um sentimento de *eu gosto* ou *não gosto*, ou um estado emocional como solidão, depressão ou ansiedade, abra-se totalmente à sensação, livre de interpretação. Se já tentou essa abordagem com a dor física, sabe que o resultado pode ser miraculoso. Quando você dá toda atenção ao joelho, às costas ou à cabeça – seja o que for que dói – e abandona o enredo, a trama, do bom/mau, certo/errado e simplesmente experimenta a dor de modo direto, nem que seja por um período curto, suas ideias sobre a dor e, geralmente, a dor em si mesma se dissolvem.

Shantideva dizia que o sofrimento que experimentamos com a dor física é inteiramente conceitual. Ele não se origina na sensação propriamente dita, mas no modo como a vemos. Ele usou o exemplo da Karna, uma seita da Índia antiga em que os membros se queimavam e se cortavam como parte da prática ritual. Eles associavam a dor extrema ao êxtase espiritual, portanto ela tinha um significado positivo para eles. Muitos atletas experimentam algo semelhante quando "sentem a musculatura queimar". A sensação física por si só não é boa nem má; é nossa interpretação dela que a deixa assim.

Isso me lembra de algo que aconteceu quando meu filho audacioso tinha uns 12 anos. Estávamos parados numa minúscula plataforma na proa de um navio – como Leonardo DiCaprio e Kate Winslet no filme *Titanic* – e comecei a descrever meu medo de altura. Disse-lhe que não sabia se poderia ficar ali, que estava tendo todo tipo de sensação física e que estava com as pernas moles. Nunca irei me esquecer da expressão no rosto dele ao dizer: "Mãe, é bem assim que eu me sinto!" A diferença é que ele *amava* a sensação. Todos os meus sobrinhos e sobrinhas praticam *bun-*

gee jump, exploram cavernas e curtem aventuras que eu evito a todo custo só porque tenho aversão ao mesmo sentimento que os entusiasma.

No entanto, há uma abordagem que podemos adotar em relação à essencial ambiguidade de ser humano que nos permite trabalhar com sentimentos de medo e aversão, em vez de nos afastarmos deles. Se conseguirmos entrar em contato com a sensação como sensação e nos abrirmos a ela sem rotulá-la de boa ou má, até mesmo quando sentirmos o impulso de recuar, poderemos estar presentes e seguirmos adiante com a sensação.

Em *A cientista que curou seu próprio cérebro [My Stroke of Insight]*, o livro da neurocientista Jill Bolte Taylor sobre sua recuperação de um grave AVC, ela explica o mecanismo fisiológico por trás das emoções: uma emoção como raiva que seja uma reação automática dura apenas 90 segundos desde o momento em que é desencadeada até seguir seu rumo. Um minuto e meio, só isso. Quando dura mais tempo, o que geralmente acontece, é porque preferimos reavivá-la. Poderíamos tirar vantagem da natureza mutável, cambiante, das nossas emoções. Mas tiramos? Não. Em vez disso, quando surge uma emoção, nós a abastecemos com nossos pensamentos e o que deveria durar um minuto e meio pode arrastar-se por dez ou vinte anos. Nós simplesmente ficamos reciclando o enredo. Ficamos fortalecendo nossos velhos hábitos.

A maioria das pessoas tem problemas físicos ou mentais que lhes causaram aflição no passado. E quando sentimos o sopro da aproximação de um deles – uma crise asmática incipiente, um sintoma de fadiga crônica, uma pontada de ansiedade – entramos em pânico. Em vez de relaxar com a sensação e deixar que ela cumpra seu minuto e meio enquanto ficamos totalmente abertos e receptivos a ela, dizemos: "Ah, não, ah, não, aqui está de novo."

Nós nos recusamos a sentir a essencial ambiguidade quando ela chega dessa forma e então fazemos a coisa que será a mais prejudicial para nós: aumentamos a rotação dos nossos pensamentos a respeito. *E se isso acontecer? E se aquilo acontecer?* Revolvemos grande quantidade de atividade mental. Corpo, fala e mente ficam envolvidos na tarefa de escapar da sensação, o que só faz com que ela continue sem parar.

Podemos contrapor essa reação por meio do treinamento em estar presentes. Uma mulher que conhecia a observação de Jill Bolte Taylor sobre a duração das emoções enviou-me uma carta em que descrevia o que ela faz quando uma sensação de inquietude aparece. "Apenas faço o lance do minuto e meio", escreveu ela.

Portanto, essa é uma boa instrução de prática: quando você entrar em contato com o desenraizamento, um modo de lidar com essa sensação tensa de apreensão é "fazer o lance do minuto e meio".

Reconheça a sensação, dê-lhe toda sua atenção compassiva, até acolhedora, e, mesmo que seja apenas por alguns segundos, abandone o enredo sobre a sensação. Isso lhe permitirá uma experiência direta, livre de interpretações. Não a abasteça com conceitos ou opiniões sobre se é boa ou má. Simplesmente fique presente na sensação. Onde se localiza no seu corpo? Permanece igual por muito tempo? Ela muda de lugar e se modifica?

Ego ou *identidade fixa* não significa apenas que temos uma ideia fixa sobre nós mesmos. Significa também que temos uma ideia fixa sobre tudo que percebemos. Eu tenho uma ideia fixa sobre você; você tem uma ideia fixa sobre mim. E uma vez que haja esse sentimento de separação, ele dá origem a emoções fortes. No Budismo, emoções fortes, como raiva, ânsia, orgulho e inveja, são conhecidas como *kleshas* – emoções conflitantes que anuviam a mente. As *kleshas* são nosso veículo para fugir do desenraizamento e, assim sendo, cada vez que cedemos a elas, nossos hábitos pré-existentes são reforçados. No Budismo, esse andar em círculos, reciclando os mesmos padrões, é chamado de *samsara*. E *samsara* é igual à dor.

Estamos sempre tentando escapar da essencial ambiguidade de ser humano, e não conseguimos. Não podemos fugir disso mais do que podemos fugir da mudança nem mais do que podemos fugir da morte. A causa do nosso sofrimento é nossa reação à realidade para a qual não há escape: apego ao ego e todos os problemas que se originam disso, todas as coisas que dificultam nossa sensação de conforto na própria pele e a possibilidade de nos darmos bem uns com os outros.

Se o modo de lidar com esses sentimentos é estar presente com eles sem abastecer o enredo, então isso requer a pergunta: *como* entrar em contato com a essencial ambiguidade de ser humano? Na verdade, não é difícil, pois uma inquietude subjacente costuma estar presente em nossa vida. É bem fácil reconhecer, mas não tão fácil interromper. Podemos experimentar essa inquietude como qualquer coisa que vai de um ligeiro nervosismo ao puro terror. A ansiedade nos deixa vulneráveis, coisa que geralmente não apreciamos. A vulnerabilidade vem de várias formas. Podemos nos sentir desequilibrados, como se não soubéssemos o que está acontecendo, não conseguimos controlar as coisas. Podemos nos sentir sós, deprimidos ou irritados. A maioria das pessoas quer evitar emoções que as deixam vulneráveis, portanto fazem praticamente qualquer coisa que as afaste delas.

No entanto se, em vez de pensar nesses sentimentos como maus, nós os considerarmos placas de estrada ou barômetros que nos avisam que estamos em contato com o desenraizamento, veríamos os sentimentos como realmente são: os portões para a libertação, uma porta aberta para a liberdade do sofrimento, o caminho para nosso mais profundo bem-estar e alegria. Temos uma escolha. Podemos passar a vida toda sofrendo porque não conseguimos relaxar com o modo que as coisas realmente são, ou podemos relaxar e abraçar a flexibilidade da situação humana, que é fresca, não fixada, sem preconceito.

Portanto, o desafio é perceber o puxão emocional do *shenpa* quando ele surge e ficar com ele por um minuto e meio sem o enredo. Será que você pode fazer isso uma vez por dia ou muitas vezes, conforme o sentimento aparece? Esse é o desafio. Esse é o processo de desmascarar, de relaxar, de abrir a mente e o coração.

2

A vida sem o enredo

A PROFESSORA DA FACULDADE da minha neta pediu aos alunos que não levassem o telefone celular para a aula. Minha neta impressionou-se com o quanto ficou mais presente e atenta em resultado disso. Ela observou que toda sua geração está fazendo um treinamento de imersão, intensivo, para ser distraída. Para mim, isso enfatiza a importância para a geração dela e as seguintes, assim também como para as gerações que vieram antes, de se contrapor a essa tendência, fazendo um curso intensivo em estar presente.

Ao praticar o estar presente, uma coisa que se descobre rapidamente é o quanto o enredo é persistente. Tradicionalmente, nos textos budistas, nossas tendências com seus enredos habituais são descritas como sementes no inconsciente. Quando as causas e condições certas se reúnem, essas propensões pré-existentes brotam como flores na primavera. É útil observar que são essas propensões, e não o que as desencadeia, a real causa de nosso sofrimento.

Tive um sonho com meu ex-marido: eu acabava de me acomodar para uma noite sossegada em casa quando ele chegou com seis convidados desconhecidos e depois desapareceu, deixando-me a atendê-los. Fiquei furiosa. Ao acordar, lamentei: "Como é difícil acabar com a raiva: acho que a propensão ainda está lá." Então lembrei-me de um incidente que ocorrera no dia anterior e comecei a ficar furiosa de novo. Isso me deixou totalmente perplexa e me dei conta de que, dormindo ou acordada, é tudo a mesma coisa. Não é o conteúdo do nosso filme que necessita de atenção, mas sim o projetor. A raiz da nossa dor não está no enredo atual; está, antes de tudo, em nossa propensão a nos incomodarmos com as coisas.

A propensão a sentirmos pena de nós mesmos, termos inveja, termos raiva – nossas reações emocionais tão familiares são como sementes que simplesmente continuamos a regar e nutrir. No entanto, cada vez que fazemos uma pausa e mantemos contato com a energia subjacente, paramos de reforçar essas propensões e começamos a nos abrir para possibilidades novas e refrescantes.

À medida que você for reagindo de modo diferente a um velho hábito, perceberá as mudanças. No passado, quando ficava irritado, você podia levar até três dias para se acalmar, mas, se continuar interrompendo os pensamentos raivosos, poderá chegar ao ponto em que levará apenas um dia para abandonar aquela raiva. Finalmente, apenas horas ou até um minuto e meio. Você está começando a se libertar do sofrimento.

É importante notar que interromper os pensamentos não é o mesmo que reprimi-los. A repressão é uma negação do que está acontecendo e isso só enterra os pensamentos onde eles podem apodrecer. Ao mesmo tempo, não queremos ficar perseguindo os pensamentos e ser fisgados por eles. Interromper os pensamentos fica num ponto entre segurar-se neles e afastá-los. É um modo de permitir o ir e vir dos pensamentos, que surjam e passem, para não serem vistos como grande coisa.

A prática consiste em treinar a não seguir os pensamentos, não a livrar-se deles completamente. Isso seria impossível. Com o aprofundamento da prática, pode-se experimentar momentos livres de pensamentos, maiores extensões de tempo sem pensar, mas eles sempre voltam. Essa é a natureza da mente. Entretanto, não é preciso fazer dos pensamentos nossos vilões. Basta treinar para poder interromper seu impulso. A instrução básica é deixar os pensamentos passarem – ou rotulá-los de "pensar" – e ficar com a instantaneidade da experiência.

Todo seu ser desejará fazer a coisa habitual, desejará seguir o enredo. O enredo está associado à certeza e ao conforto. Sustenta seu sentido muito limitado e estático de ser, além de oferecer a promessa de segurança e felicidade. Só que a promessa é falsa e qualquer felicidade que ele traga é apenas temporária. Quanto mais você praticar para não fugir para o mundo da fantasia de seus pensamentos e, ao invés, entrar em contato com a sensação de desenraizamento que tem, mais acostumado ficará a experimentar as emoções como simples sensações – livre de conceitos, livre do enredo, livre das ideias fixas de bom e mau.

Ainda assim, a tendência a lutar por segurança tentará reafirmar-se e ganhar terreno. Não podemos subestimar o verdadeiro (e fugaz) conforto que ela proporciona. A professora de meditação Tara Brach, em seu livro *Radical Acceptance*, descreve uma prática que usa nessas horas. Baseia-se nos encontros de Buda com sua nêmese, Mara, um demônio que estava sempre aparecendo para tentar Buda a desistir de sua resolução espiritual e a voltar ao seu antigo modo inconsciente de ser. Psicologicamente, Mara representa a falsa promessa de felicidade e segurança oferecida por nossas reações habituais. Sempre que Mara aparecia, geralmente com belas mulheres ou outras tentações a reboque, o Buda dizia: "Eu o vejo, Mara, sei que você é um embusteiro. Sei o que está tentando fazer." Depois, ele convidava sua nêmese para se sentar e tomar um chá.

Quando formos tentados a retornar ao nosso modo habitual de evitar o desenraizamento, podemos olhar a tentação bem nos olhos e dizer, "Eu o vejo, Mara", e depois se sentar com a essencial ambiguidade de ser humano, sem qualquer julgamento de certo ou errado.

Num livro que li recentemente, o autor falava sobre os seres humanos como seres em transição – seres que não estão inteiramente cativos nem inteiramente livres, mas sim no processo de despertar. Acho útil pensar em mim dessa forma. Estou no processo de me tornar, no processo de evoluir. Não estou condenada nem completamente livre, mas crio meu futuro com cada palavra, cada ato, cada pensamento. Encontro-me numa situação muito dinâmica, com um potencial inimaginável. Tenho todo apoio de que necessito para simplesmente relaxar e conviver com a qualidade transicional em processo da minha vida. Tenho tudo de que preciso para me empenhar no processo de despertar.

Em vez de levar uma vida de resistência e tentando refutar nossa situação básica de impermanência e mudança, poderíamos entrar em contato com a essencial ambiguidade e acolhê-la. Não gostamos de pensar em nós mesmos como fixos e imutáveis, mas emocionalmente investimos nisso. Nós simplesmente não queremos o desconforto assustador, inquietante, de nos sentirmos sem base, desenraizados. No entanto, não é necessário encerrar as atividades quando sentimos o desenraizamento em qualquer forma. Em vez disso, podemos nos voltar para ela e dizer: "É assim que a libertação da mente fixa se sente. Esta é a sensação da libertação do coração fechado. Esta é a sensação da bondade imparcial, irrestrita. Talvez eu fique curioso e veja se posso ir além da minha resistência e experimentar a bondade."

O Budismo defende que a verdadeira natureza da mente é tão vasta quanto o céu e que pensamentos e emoções são como nuvens que, sob nossa perspectiva, o obscurecem. Ensinam-nos que, se queremos experimentar a infinitude do céu, precisamos ficar curiosos a respeito dessas nuvens. Quando olhamos profundamente para as nuvens, elas se desfazem e lá está a vastidão do céu. Ele nunca foi a lugar nenhum. Sempre esteve lá, momentaneamente oculto de nós por nuvens fugazes, passageiras.

A jornada do despertar requer disciplina e coragem. A princípio, abandonar nossos pensamentos e emoções tipo nuvens é uma questão de hábito. Pensamentos e emoções podem nos dificultar o contato com a abertura de nossa mente, mas são como velhos amigos que nos acompanham desde quando nossa lembrança alcança e ficamos muito resistentes a nos despedir. Mas, cada vez que você começa a meditar, pode decidir que vai tentar abandonar os pensamentos e ficar bem ali com a instantaneidade de sua experiência. Talvez consiga ficar bem ali por apenas cinco segundos hoje, mas qualquer progresso em direção à não distração é positiva.

Chögyam Trungpa tinha uma imagem para nossa tendência a obscurecer a abertura de nosso ser; chamava-a de "botar maquiagem no espaço". Podemos querer experimentar o espaço sem maquiagem. Ficar aberto e receptivo, nem que seja por um curto período de tempo, começa a interromper nossa resistência arraigada a sentir o que estamos sentindo, a ficar presentes onde estamos.

Acreditar no enredo – identificar-se com as interpretações que fazemos da nossa experiência – é algo profundamente arraigado em nós. Declaramos nossas opiniões como se fossem indiscutíveis: "Jane é intrinsecamente horrível. Isso é um fato." "Ralph é intrinsecamente cativante. Não há nenhuma dúvida quanto a isso." O modo de enfraquecer o hábito de se agarrar a ideias fixas é mudar o foco para uma perspectiva mais ampla. Em vez de ficar preso ao drama, veja se consegue sentir a energia dinâmica dos pensamentos e emoções. Veja se consegue experimentar o espaço ao redor dos pensamentos: experimente o modo como eles surgem no espaço, permanecem por um tempinho e depois retornam ao espaço. Se você não reprime os pensamentos e emoções e não corre com eles, estará numa posição interessante. A posição de não rejeitar nem justificar fica bem no meio de lugar nenhum. É lá que você poderá finalmente abraçar o que está sentindo. É lá que você poderá olhar e ver o céu.

Enquanto você medita, podem surgir lembranças de algo angustiante que ocorreu no passado. Ver tudo isso pode ser bem libertador. Mas, se você está sempre visitando a memória de algo angustiante, reprocessando o que aconteceu, e fica obcecado com o enredo, ela se torna parte da sua identidade estática. Você só está fortalecendo sua propensão a se experimentar como o ofendido, a vítima. Está fortalecendo uma propensão pré-existente de culpar os outros – seus pais e alguém mais – como aqueles que o trataram injustamente. Continuar a reciclar o velho enredo é um modo de evitar a essencial ambiguidade. As emoções vão ficando, sem interrupção quando as abastecemos com palavras. É como derramar querosene numa brasa para inflamá-la. Sem as palavras, sem os pensamentos repetitivos, as emoções não duram mais que um minuto e meio.

Nossa identidade, que parece tão confiável, tão concreta, na verdade é muito fluida, muito dinâmica. As possibilidades do que pensamos e sentimos e o modo pelo qual podemos experimentar a realidade são ilimitados. Temos o que é necessário para nos libertar do sofrimento de uma identidade fixa e nos conectar com a natureza fugidia e misteriosa do nosso ser, que não tem identidade fixa. Seu senso de você mesmo – de quem pensa que é no nível relativo – é uma versão muito restrita de quem realmente é. Mas a boa nova é que sua experiência imediata – quem você parece ser nesse momento preciso – pode ser usada como entrada para sua verdadeira natureza. Por meio do pleno envolvimento com esse instante relativo do tempo – o som que ouve, o cheiro que sente, a dor ou conforto que sente agora – estando totalmente presente em sua experiência, você entra em contato com a abertura ilimitada do seu ser.

Todos os nossos padrões habituais são esforços para manter uma identidade previsível: "Sou uma pessoa raivosa"; "Sou uma pessoa amistosa"; "Sou um verme". Podemos trabalhar com esses hábitos mentais quando eles surgem e ficam com nossa experiência, não só quando estamos meditando, mas também no cotidiano. Estejamos a sós ou na companhia de outros, não importa o que estejamos fazendo, a inquietude pode vir para a superfície a qualquer instante. Podemos achar que esses sentimentos pungentes, penetrantes, sejam sinais de perigo, mas na verdade são sinais de que acabamos de entrar em contato com a fluidez essencial da vida. Ao invés de nos escondermos desses sentimentos, ficando na bolha do ego, podemos deixar passar a verdade de como as coisas realmente são. Esses momentos são grandes oportunidades. Mesmo que estejamos cercados de gente – numa reunião de negócios, digamos – ao sentirmos a inquietude surgindo, podemos simplesmente respirar e encarar os sentimentos. Não é preciso entrar em pânico e nos fecharmos em nós mesmos. Não é preciso reagir do modo habitual. Não é preciso lutar ou fugir. Podemos ficar envolvidos com os outros e ao mesmo tempo reconhecer o que estamos sentindo.

As instruções, em sua mais simples forma, obedecem a três passos básicos:

Ficar totalmente presente.

Sentir o coração.

E envolver-se com o momento seguinte sem nenhuma programação.

Trabalho com esse método no ato, bem no meio das coisas. Quanto mais eu ficar presente na meditação formal, mais familiar o processo se torna e mais fácil é fazer isso em meio a situações cotidianas. Mas, independentemente de onde praticamos o estar presente, isso nos porá em contato com a incerteza e mudança que são inerentes ao estar vivo. Isso nos dará a chance de treinar para ficar despertos a tudo de que anteriormente fugíamos atentos.

Os Três Compromissos representam três níveis de trabalho com o desenraizamento. A instrução básica é sustentá-los para que você fique amigo de si mesmo – para ser honesto consigo mesmo e afável. Isso começa com a disposição de estar atento sempre que experimentar a inquietude. À medida que esses sentimentos surgem, ao invés de fugir, você se apoia neles. Ao invés de tentar se livrar de pensamentos e sentimentos, você fica curioso sobre eles. Conforme se acostuma a experimentar a sensação de estar livre da interpretação, você passará a entender que entrar em contato com a essencial ambiguidade de ser humano proporciona uma oportunidade preciosa – a oportunidade de ficar com a vida bem como ela é, a oportunidade de experimentar a liberdade da vida sem um enredo.

O primeiro compromisso
Comprometer-se a não causar dano

É maravilhoso que os seres humanos estejam dispostos
a se desligarem até dos mínimos cantos de discrição e
privacidade, de modo que seu apego a qualquer coisa
desapareça completamente. Isso é muito corajoso.
— Chögyam Trungpa Rinpoche

3

Assentar a base

JUNTOS, OS TRÊS COMPROMISSOS nos servem de suporte para relaxar com a qualidade dinâmica essencial das nossas vidas. Mas o que significa viver com um compromisso? Eis uma questão interessante.

Como definido pelo dicionário, um compromisso é uma promessa, algo que nos une emocional e mentalmente a alguém, algo ou um curso de ação. No modo de ver do Budismo tibetano, viver com um comprometimento significa mais que simplesmente agir ou não agir. Ao firmarmos um compromisso, deixamos nossa intenção clara e sabemos o que estamos prometendo fazer ou não. Por isso é tão poderoso. Chögyam Trungpa dizia que um voto de não matar, por exemplo, tem mais poder que simplesmente não matar. Se um leão ou tigre não mata, isso é virtuoso, mas quando as causas e condições se reúnem, o leão ou o tigre quase certamente matam, pois essa é sua natureza. Para nós, entretanto, fazer um voto – comprometer-se – nos permite a não agir por reflexo quando sentimos o impulso. Pensamos duas vezes antes de falar ou agir.

O comprometimento é a essência da ação para nos livrarmos dos velhos hábitos e medos. Se embarcamos nessa viagem, só faz sentido começar assentando uma base sólida. Podemos fazer isso trabalhando com o primeiro compromisso, o de não causar dano. Esse é tradicionalmente chamado de Voto do Pratimoksha, ou voto da libertação pessoal – libertação do sofrimento que vem com a resistência à realidade da nossa situação, o desenraizamento essencial da vida. Certa vez, quando ensinava sobre a libertação pessoal, Chögyam Trungpa descreveu o primeiro compromisso como "salvar-se da neurose da *samsara*". Em outras palavras, do sofrimento da vida cotidiana. Como explica Khandro Rinpoche, outro mestre budista tibetano, esse compromisso nos protege de escorregar em ou ir atrás de ânsias, agressões e indiferenças desnecessárias. É o alicerce dos outros dois compromissos – o voto de ajudar os outros e o voto de abraçar o mundo como ele é – e abre a porta para que se relaxe alegremente com a fluidez e a mudança.

Então, vejamos como funciona esse primeiro compromisso. Ele envolve trabalhar com sua mente, pensamentos e emoções para perceber e claramente reconhecer quando está tentando escapar da incerteza essencial da vida. O que você está fazendo para preencher o tempo e o espaço, para evitar estar presente? De que formas habituais está agindo? O primeiro compromisso nos dá suporte para não fugir para nossos velhos padrões – para ver bem claramente que estamos a ponto de entrar nessa e então tomar uma decisão consciente de não fazer isso.

Todos nós temos nossos escapes familiares: fechar a mente diante da TV, ficar verificando os *e-mails* compulsivamente, chegar em casa à noite e tomar três, quatro ou seis doses de bebida alcoólica, comer em excesso, trabalhar em excesso. Às vezes, nossa saída é apenas tagarelar sem parar – uma conversa sem objetivo. Grande parte do trabalho que se faz com esse compromisso é a fala. São infinitas as formas como usamos nossa fala para nos distrairmos. E não apenas falando em voz alta. Mentalmente, ficamos numa conversa quase constante com nós mesmos. Um dos motivos para meu apreço pelos retiros de meditação é que consigo olhar bem de perto o modo como, até em total silêncio, eu ainda continuo me ocupando com minha mente.

O primeiro compromisso é abster-se de palavras e ações que sejam prejudiciais a nós mesmos e a outros. Isso nos liberta, deixando-nos muito mais conscientes do que estamos sentindo, de modo que, ao surgir o impulso de mentir, difamar ou de pegar algo que não nos foi dado – sempre que tivermos o impulso de exprimir nossos desejos ou agressividade, ou de escapar de alguma forma –, nós nos contemos.

Como apoio à abstenção de palavras e ações prejudiciais, comprometer-se com os quatro preceitos tradicionais pode ser realmente útil. Esses preceitos ou diretrizes são: não matar, não roubar, não mentir e não prejudicar os outros com nossa atividade sexual. Podemos nos comprometer com esses preceitos por um dia, uma semana ou por toda vida. Existem centenas de regras para monges e monjas ordenados, mas o Buda disse que esses quatro são os mais importantes. Basicamente, seguir os preceitos nos dá espaço para examinar cada nuance do impulso de nos expressarmos negativamente e então, em pleno reconhecimento de nossos sentimentos, de decidir não fazer qualquer coisa que possa provocar dano.

Em seus termos mais simples, portanto, o caminho da libertação começa com a abstenção de ferir os outros e a nós mesmos. Quando as pessoas ouvem "abstenção", elas automaticamente pensam em "repressão" e supõem que, ao surgir um impulso, deveriam simplesmente suprimi-lo. Há um debate em andamento nos círculos terapêuticos sobre o que provoca mais dano: a repressão ou a expressão. Para mim, são igualmente prejudiciais.

Uma vez que se fala ou age, existe uma reação em cadeia e as emoções de outras pessoas ficam envolvidas. Cada vez que se fala ou age impulsionado pela agressividade, anseio, inveja ou orgulho, é como jogar uma pedrinha num laguinho e observar as ondulações se formarem em círculos; todos à volta ficam envolvidos. De modo semelhante, se você reprimir seus sentimentos, todos ficam afetados por isso também, pois você fica andando em volta como um barril de pólvora pronto para explodir.

Abster-se de falar ou agir nos desacelera e nos capacita a ver nossas reações habituais de um modo muito claro. Até podermos ver nossas reações, nunca sabemos precisamente o que nos aprisiona e o que nos ajuda a nos libertamos. No entanto, é importante se abster com um espírito *piedoso* de autorreflexão. Observamos o que dizemos e o fazemos baseados numa autêntica confiança em nossa bondade fundamental. Confiamos que essencialmente temos bom coração e mente aberta e que, quando não estamos confusos pelas nossas emoções, sabemos o que vai ajudar e o que vai magoar.

Quando você passa da visão de que é essencialmente bom em vez de essencialmente defeituoso, conforme se vê falando ou agindo impulsivamente, conforme se vê refreando, obterá um crescente entendimento de que não é má pessoa que precisa evoluir, mas uma boa pessoa com hábitos temporários, maleáveis, que lhe estão causando muito sofrimento. Depois, nesse espírito, você pode se familiarizar muito bem com esses hábitos temporários, mas fortemente arraigados. Conseguirá vê-los tão clara e piedosamente que não continuará a fortalecê-los.

O processo de ver seus hábitos claramente é às vezes comparado a ter uma grande tela em branco e então pegar um pincel e ali pintar um ponto. A tela em branco representa a bondade básica, sua natureza irrestrita básica; o ponto representa um hábito. Pode ser um ponto bem pequeno, mas, em contraste com a tela vazia, ele realmente se salienta. A partir dessa perspectiva, você poderá ver bem claramente se falou ou agiu ou se não falou nem agiu. Assim, poderá começar a treinar saber o que está fazendo quando está fazendo – e a ser gentil consigo mesmo sobre suas palavras e atos. Você irá se regozijar quando conseguir reconhecer que foi pego por um velho padrão e quando se flagrar antes de falar ou agir. Todos nós carregamos por aí caminhões lotados de velhos hábitos, mas felizmente eles são removíveis. Não precisam nos sobrecarregar permanentemente. A contenção é muito poderosa porque nos dá uma oportunidade de reconhecer quando fomos pegos e então de nos soltar.

Cada vez que *não* nos contemos, mas falamos ou agimos impulsivamente, estamos fortalecendo velhos hábitos, fortalecendo os *kleshas* e o senso fixo do eu. Estamos mantendo todo o mecanismo do sofrimento em movimento. Quando nos refreamos, porém, estamos nos permitindo sentir a incerteza subjacente – essa energia tensa, inquieta – sem tentar escapar. As rotas de fuga estão aí, mas não as usamos. Estamos entrando em contato com o sentimento da inquietude essencial e relaxando com ela, em vez de sermos direcionados por nossos pensamentos e emoções. Não estamos tentando erradicar os pensamentos; só estamos nos treinando para não ficar tão enredados neles. Dzigar Kongtrül tem uma plaqueta na porta de sua cabana de retiro, onde se lê: "Não acredite em tudo que pensa". Essa é a ideia básica aqui.

Conforme nos tornamos mais conscientes dos nossos pensamentos e emoções e os encaramos com curiosidade e interesse benévolo, começamos a ver como criamos uma couraça contra a dor, e vemos como essa couraça também nos isola da dor – e da beleza – dos outros. Mas à medida que abandonamos nossas estórias repetitivas e ideias fixas sobre nós mesmos – especialmente sentimentos arraigados de "não sou legal" – a couraça começa a se desfazer e nos abrimos para a amplitude da nossa verdadeira natureza, para quem realmente somos além de nossos pensamentos e emoções transitórios. Percebemos que nossa couraça não se compõe de nada mais além de hábitos e medos e começamos a sentir que podemos abandoná-los.

O primeiro compromisso trabalha com as causas do sofrimento e viabiliza sua cessação ao nos permitir ver claramente quais são nossas rotas de fuga e nos capacitando a não tomá-las. A ciência demonstra que cada vez que refreamos, mas sem reprimirmos, novos caminhos neurais se abrem no cérebro. Ao não seguir as velhas rotas de fuga, estamos nos predispondo a um novo modo de nos ver, um novo modo de nos relacionarmos com o mundo misteriosamente imprevisível em que vivemos.

Os Três Compromissos não são moralistas – não têm nada a ver com ser "uma boa menina" ou "um bom menino". Eles têm a ver com nos abrirmos para uma perspectiva mais vasta e com uma mudança no âmago. Compreender o primeiro compromisso e a premissa básica de reconhecer nossas rotas de fuga, sem segui-las, é o alicerce necessário para compreender os compromissos que se sucedem.

O primeiro compromisso é geralmente chamado de caminho estreito, pois é comparado a caminhar por um corredor muito estreito. Se você perder a atenção plena, irá se desviar do curso e bater na parede, então é preciso ficar trazendo a atenção de volta ao caminho e andar em linha reta. No fundo, o compromisso é muito simples: nós estamos falando ou agindo por escape, ou não. Os compromissos que se sucedem são mais flexíveis e não têm limites tão claros – e reconfortantes. Portanto, é importante começar com essa abordagem bem direta: não falamos nem agimos por impulso. Ponto final. O primeiro compromisso exige aplicação para interromper o ímpeto do hábito, o ímpeto de escapar. Caso contrário, quando os compromissos ficarem mais desafiadores e mais desenraizados, no momento em que sentirmos um sopro de ansiedade, inquietude ou insatisfação, nós automaticamente escapamos.

Muitos dos nossos escapes são involuntários: vício e dissociação de sentimentos dolorosos são dois exemplos. Qualquer um que tenha trabalhado com um vício pesado – comer compulsivamente, sexo compulsivo, abuso de substâncias, raiva explosiva ou qualquer outro comportamento que seja incontrolável – sabe que quando o ímpeto vem é irresistível. A sedução é forte demais. Então treinamos repetidamente em situações menos carregadas em que o ímpeto esteja presente, mas não de modo tão acachapante. Treinando com irritações cotidianas, pegamos o jeito de nos contermos quando a coisa se complica. Requer paciência e um entendimento de como estamos nos ferindo para não continuar a pegar a mesma velha rota de fuga de falar ou agir impulsivamente.

Geralmente, ouço as pessoas dizerem: "Ah, eu não preciso me comprometer a não matar. Não faço isso mesmo". Ou: "Eu não roubo e não sou monja, mas sou celibatária há vinte anos, então qual é o sentido de me comprometer com o preceito contra relações sexuais prejudiciais?" O sentido de seguir os preceitos é acessar algo mais profundo. No nível do comportamento cotidiano, abster-se de matar, mentir, roubar ou ferir outros com nossa atividade sexual é chamado de renúncia externa, algo como se manter dentro do propósito. Num nível externo, você segue as regras. Mas a renúncia externa coloca-o em contato com o que está acontecendo no *interior*: o apegar-se e fixar-se, a tendência a evitar o sentimento apreensivo do desenraizamento. Refrear as palavras e atos prejudiciais é renúncia externa; decidir não escapar dos sentimentos subjacentes é renúncia interna. Os preceitos são um instrumento que nos põe em contato com a inquietude subjacente, com a qualidade dinâmica fundamental de estar vivo. Trabalhar com esse sentimento e a neurose que ele desencadeia é renúncia interna.

Se eu firmo um compromisso de não difamar, não mexericar nem usar palavras hostis, mas estou morando sozinho numa cabana no meio do mato sem ninguém com quem falar, fica fácil cumprir o preceito contra a fala prejudicial. Mas se, no segundo que estou com outras pessoas, começo a falar mal de alguém é porque não aprendi muito sobre o efeito prejudicial de se envolver com palavras ferinas. Não aprendi muito a respeito das emoções que estão motivando minha necessidade de mexericar. Manter o preceito, porém, significa que vou pensar duas vezes antes de me envolver nessa conversa. Portanto, quer nos comprometamos com quatro, cinco, oito ou cem preceitos, ter firmado o compromisso nos protege quando a tentação vier.

Como prática, você pode comprometer-se a cumprir um ou mais dos preceitos por um dia da semana, duas vezes por mês, pela duração de um retiro de meditação ou por toda a vida. Os quatro primeiros preceitos são considerados os mais básicos. O quinto, de abster-se de drogas e álcool, geralmente é cumprido com os outros quatro. A redação dos cinco preceitos dispostos abaixo é vagamente baseada numa versão escrita pelo mestre Zen vietnamita Thich Nhat Hanh.

1. SOBRE A PROTEÇÃO DA VIDA

Ciente do sofrimento causado pela destruição da vida, faço o voto de não matar nenhum ser vivo. Darei o melhor de mim para cultivar a não agressão, a compaixão e para aprender a proteger a vida.

2. SOBRE O RESPEITO AOS PERTENCES ALHEIOS

Ciente do sofrimento causado pelo roubar ou apossar-se de qualquer coisa alheia, faço o voto de não pegar o que não me é oferecido. Darei o melhor de mim para respeitar a propriedade alheia.

3. SOBRE NÃO PREJUDICAR OS OUTROS COM NOSSA ATIVIDADE SEXUAL

Ciente do sofrimento causado por uma atividade sexual precipitada ou agressiva, faço o voto de ser fiel ao meu parceiro atual e de não prejudicar os outros com minha energia sexual. Darei o melhor de mim para ficar atento ao que prejudica a mim e aos outros e para nutrir o verdadeiro amor e respeito, livre de apego. Aspiro servir e proteger todos os seres.

4. SOBRE A FALA ATENTA

Ciente do sofrimento causado pela fala desatenta, faço o voto de cultivar a fala correta. Sabendo que as palavras podem criar alegria ou sofrimento, darei o melhor de mim para não mentir, não mexericar e nem difamar, para não falar em vão nem de modo hostil e não dizer coisas que promovam divisão e ódio. Minha aspiração é sempre falar a verdade.

5. SOBRE A PROTEÇÃO DO CORPO E DA MENTE

Ciente do sofrimento causado por álcool, drogas e outros tóxicos, faço o voto de não tomar bebidas alcoólicas e nem usar drogas. Darei o melhor de mim para viver minha vida de um modo que aumente minha força interior e flexibilidade, assim como minha abertura para todos os seres e para a própria vida.

No entanto, não basta seguir as regras – seguir os preceitos ao pé da letra. Prender-se à forma externa pode ser apenas outro modo de fortalecer minha identidade fixa, um modo de escorar minha autoimagem de pessoa virtuosa, de alguém mais puro que os outros. Em outras palavras, pode apenas fortalecer o orgulho. A menos que eu também inclua a renúncia interna e admita os modos como estou me apoiando na construção de uma identidade virtuosa, o simples seguir as regras pode ser quase tão prejudicial quanto quebrá-las.

Em *The Way of the Bodhisattva*, Shantideva relaciona todos os modos imagináveis que expressam o estar a ponto de falar ou agir de modo neurótico. E em todos os casos, ele nos adverte a não fazer isso. Quando surgem sentimentos de desejo, ânsia ou o ímpeto de falar ou agir com agressividade, "Não aja!", ele avisa. "Fique quieto, não fale!" Essa é a instrução básica do primeiro compromisso: *não aja, não fale*. Esse é o trabalho externo. E depois há também o trabalho interno de explorar o que acontece na sequência quando você não age e não fala. O conselho de Shantideva é:

> Quando a mente se precipita no deboche
> E se enche de orgulho e insolente arrogância,
> E quando quiseres mostrar os defeitos ocultos dos outros,
> Trazer à baila antigas desavenças ou agir enganosamente,
> E quando quiseres ganhar elogios
> Ou criticar e manchar o nome alheio
> Ou usar linguagem hostil, puxar briga,
> É então que deves ficar imóvel.

Se não houver tentação de agir impulsivamente, o compromisso de não causar dano não é tão transformador como quando queremos falar ou agir – quando ansiamos por riqueza, atenção, fama, homenagens, reconhecimento e um "círculo de admiradores", como Shantideva coloca – mas não seguimos nosso desejo. Talvez você queira que todos o apreciem. Ou deseja rebaixar alguém e tirar vantagem para si. Ou quer mexericar. Ou é impaciente. Ou está "procurando briga". Talvez você esteja tentado a se envolver com o que Shantideva chama de "fala arrogante e insolência" ou com cinismo, sarcasmo ou condescendência. Se você reconhecer o que está acontecendo e se abstiver de agir, isso lhe abre um espaço mental. Ficar apegado a pontos de vista e opiniões, achar que está sempre certo e subjugar os outros, mantém-no eternamente empacado. Você continua a deixar as pessoas sentirem-se exasperadas ou inferiores e continua desembarcando em batalhas desnecessárias. Qual é o remédio? Examinar-se, diz-nos Shantideva. Perceba exatamente o que está fazendo. "Repare nos pensamentos prejudiciais e em todos os empenhos fúteis", diz ele. "Aplique os remédios para manter a mente estável."

Quando você se refreia – quando sente o puxão dos pensamentos e emoções habituais, mas não escapa, agindo ou falando – pode tentar esse exercício de renúncia interna:

Observe como se sente: qual é a sensação física de ter esses ímpetos de anseio ou agressividade?

Observe seu pensar: que tipo de pensamentos esses sentimentos provocam?

Observe suas ações: como é que você trata a si mesmo e aos outros quando se sente assim?

É isso que significa viver comprometido. Certa vez, ao ser perguntado, "Comprometido com o quê?", Chögyam Trungpa respondeu: "Comprometido com a sanidade." Poderíamos também dizer: comprometidos com a coragem, com o desenvolvimento de uma amizade incondicional com você mesmo.

Para entender melhor o que a renúncia significa, você pode tentar a seguinte prática de *renunciar a uma coisa*:

Por um dia (ou um dia por semana), abstenha-se de algo que habitualmente faz por escape. Pegue algo concreto, como comer, dormir ou trabalhar demais ou passar um tempo excessivo enviando torpedos ou verificando *e-mails*. Comprometa-se consigo mesmo a trabalhar de modo gentil e piedoso para abster-se desse hábito por esse único dia. Realmente comprometa-se. Aja desse modo com a intenção de que isso o porá em contato com a ansiedade subjacente ou a incerteza que você anda evitando. Faça isso e veja o que descobre.

Quando você se abstém dos pensamentos e comportamento habituais, os sentimentos desconfortáveis ainda estarão lá. Eles não somem num passe de mágica. Com o passar dos anos, passei a chamar o "período de desintoxicação" de repouso com o desconforto, pois, quando você não age conforme suas reações habituais, é como abandonar um vício. Você fica com os sentimentos de que tentava escapar. A prática é relacionar-se de corpo e alma com isso.

A ansiedade subjacente pode ser muito forte. Você pode experimentá-la como desesperança ou até terror. No entanto, o ponto de vista básico é que, se você conseguir ficar com o sentimento, se conseguir passar pelo medo, pela desesperança, pela resistência em suas várias formas, encontrará a bondade básica. Tudo se abre. Um poema do falecido Rick Fields fala desse processo:

Esse mundo – absolutamente puro
Como é. Por trás do medo,
Vulnerabilidade. Por trás disso,
Tristeza, depois compaixão
E mais atrás, o vasto firmamento.

Com essa prática, essa exploração da renúncia interna, podemos gradativamente ver além da nossa identidade fixa baseada no medo. Quando nos relacionamos de um modo piedoso, destemido, com a realidade da condição humana – com nossos hábitos, emoções, desenraizamento – algo se desloca de modo gradativo e fundamental e experimentamos a natureza imparcial e de dimensão celeste da nossa mente. Chögyam Trungpa disse que esse estado mental é completamente fresco, novo e imparcial, e nós o chamamos de iluminação. Em outras palavras, a iluminação já está aqui; só precisamos tocá-la, conhecê-la e confiar nela. Primeiramente, porém, percorremos nossa resistência, conhecendo todas suas nuances, suas estratégias e saídas. Desse modo, descobrimos essa consciência.

Mas o que acontece, se rompemos esse compromisso? O que acontece, por exemplo, quando agimos ou falamos de modo prejudicial? O que fazemos então? Se for inevitável cair nos padrões habituais, nos escapes habituais de tempos em tempos, como retornamos ao caminho?

Há uma prática no Budismo, Sojong, que nos dá uma oportunidade de refletir sobre onde estamos em termos de contenção e, quando sentimos que realmente estragamos tudo, deixar isso para trás e recomeçar. Tradicionalmente, Sojong ocorre duas vezes por mês, nos dias da lua cheia e da lua nova. No dia anterior, cada pessoa revê as duas semanas anteriores e reflete: *O que foi que fiz com meu corpo? O que fiz com minha fala? E minha mente: está estável ou dispersa e nunca presente?* Exploramos ao máximo essas questões sem autocrítica nem censura. Em Gampo Abbey, no dia antes do Sojong, nós nos reunimos e conversamos sobre o que estivemos trabalhando nas duas últimas semanas. Compartilhamos nossas percepções sobre o que ajuda e o que atrapalha.

O próprio Sojong é um pouco como o quarto e quinto passos de um programa de Doze Passos, que requer a realização de um autoinventário "completo e destemido", reconhecendo onde saímos do curso e depois compartilhando isso com outra pessoa. Sojong é um tipo de processo anticulpa, que nos permite avaliar-nos honestamente, reconhecer o que fizemos e onde estamos, para depois abandonar a autocrítica e seguir em frente. Em vez de se manter com a visão "Sou incorrigível. Passam-se semanas, meses, anos e nunca consigo parar de mentir" (ou seja qual for o seu hábito), você pode dizer: "Bem, é aqui que eu me encontro agora. Declaro totalmente o que aconteceu agora e no passado e sigo em frente com uma sensação de recomeço."

Não é preciso dizer isso em voz alta para um grupo ou outra pessoa, mas a maioria das pessoas acha mais fácil abandonar a autocrítica se compartilha suas observações com alguém – talvez um amigo ou conselheiro espiritual. Faça como fizer, a meta é ser completamente honesto e, ao mesmo tempo, livrar-se dos sentimentos de culpa. Certa vez, um grupo de discípulos questionava Chögyam Trungpa sobre a culpa. Entre elas estava um homem que havia matado pessoas na guerra do Vietnam e estava torturado pela culpa e se abominando. Chögyam Trungpa disse-lhe: "Isso foi lá. Isto é agora. Sempre é possível se conectar com sua verdadeira natureza a qualquer instante e se livrar de tudo que ocorreu antes". Em vez de deixar que nossas culpas nos arrastem para baixo, podemos usá-las para estimular a não repetir atos prejudiciais, mas aprender com eles como ser mais sábio no futuro. Somos essencialmente bons e não defeituosos, e podemos confiar nisso.

Nunca é tarde demais para restaurar seu voto, para renovar seu compromisso de se conter. Ao mesmo tempo, porém, se você não estiver plenamente consciente e atento ao que está fazendo, os padrões simplesmente ficarão cada vez mais fortes e você continuará a fazer as mesmas coisas repetidamente. Assim, o processo que começa com o primeiro compromisso é uma oportunidade de ter clareza sobre sua mente, fala e ações e, ao mesmo tempo, reconhecer honesta e gentilmente o que aconteceu no passado, depois deixar seus feitos danosos de lado e seguir em frente.

Ninguém é perfeito na manutenção do compromisso de não prejudicar. Ainda assim, porém, os discípulos geralmente me perguntam: "Como posso fazer esse voto com integridade? Se eu for quebrá-lo, qual é o sentido?" Patrul Rinpoche, um mestre budista que viveu no século XVIII, basicamente dizia que não há como não causar dano. Ele dedica uma seção inteira de seu livro *The Words of My Perfect Teacher [As palavras do meu mestre perfeito]* a todos os modos de causarmos dano; inúmeros seres sofrem para fazer as roupas que usamos e para nos trazer os alimentos que comemos. Até quando caminhamos, fazemos seres sofrer. "Quem não é culpado de ter esmagado inúmeros insetos minúsculos com os pés?", pergunta ele. Nossa situação é inevitável devido a nossa interligação com todas as coisas. O que faz a diferença é nossa intenção de não prejudicar. Num plano cotidiano, a intenção de não causar dano significa usar nosso corpo, nossa fala e nossa mente de tal modo que não se vá ferir intencionalmente pessoas, animais, pássaros, insetos – qualquer ser – com nossas ações ou palavras.

E não fazemos apenas o voto de não causar dano, diz Patrul Rinpoche, também nos comprometemos a fazer o oposto. Ajudamos. Curamos. Fazemos tudo que podemos para beneficiar os outros.

4

Estar totalmente presente, sentir o coração e dar o salto

A PRÁTICA IMEDIATA DE *estar totalmente presente, sentir o coração e de receber o momento seguinte com a mente aberta* pode ser feita a qualquer hora: quando você acorda de manhã, antes de uma conversa difícil, sempre que o medo ou o desconforto surgem. Essa prática é um belo modo de afirmar sua combatividade, a combatividade espiritual. Em outras palavras, é um modo de afirmar sua coragem, bondade e força. Sempre que lhe ocorrer, você pode fazer uma breve pausa, perceber como está se sentindo física e mentalmente e depois se reconectar com o coração – até pondo a mão na altura do coração, se quiser. Esse é um modo de estender o carinho e a aceitação a qualquer coisa que esteja lhe acontecendo nesse momento. Você pode estar com dor nas costas, um problema estomacal, em pânico, com raiva, impaciência, calma, alegria, seja o que for, você pode deixar ali bem como está, sem rotular de bom ou mau, sem dizer a si mesmo que devia ou não estar se sentindo assim. Tendo se conectado com o que acontece, com amor e aceitação, você pode ir adiante com curiosidade e coragem. Denomino esse terceiro passo de "dar um salto".

Para realizar essa prática, a maioria das pessoas precisa de certo apoio. Nem sempre é fácil estar totalmente presente – ou até parcialmente. Nem sempre é fácil estender carinho a nós mesmos. É ainda menos fácil abandonar nosso modo habitual de ser no mundo e dar o salto. Felizmente, a meditação nos proporciona o apoio exato de que necessitamos. É uma prática para ficarmos presentes, para nutrir nosso coração e entregar os pontos, ou seja, abandonar o antigo modelo.

Assim como podemos praticar o piano, para cultivar nossa habilidade musical, ou praticar um esporte, para cultivar nossa habilidade atlética, podemos praticar a meditação para nutrir a habilidade natural que a mente tem de ficar presente, de sentir amorosidade, de estar aberta para além das opiniões e pontos de vista fixos. A meditação que me ensinaram e que eu pratico tem três partes principais: postura, objeto da meditação e o modo como nos relacionamos com os pensamentos. Conforme eu passar essas instruções, indicarei os aspectos que dizem respeito a ficar presente, sentir o coração e entregar os pontos.

A instrução básica inicia-se pela postura – com o modo como nosso corpo nos sustenta enquanto meditamos. Começamos estando totalmente presentes em nosso corpo com atenção às nádegas, pernas, braços e torso. Assumimos uma posição nobre, ereta, mas relaxada, o que ajuda a nos acomodarmos internamente e a entrar em contato com um sentimento de confiança e dignidade interior. Estamos afirmando nossa combatividade, nossa bravura, asseverando um sentimento fundamental de correção. Se o corpo estiver elevado, a mente acompanhará. Os seis pontos da boa postura ensinados por Chögyam Trungpa ajudam-nos nesse processo. Eles são o assento, as pernas, o torso, as mãos, os olhos e a boca.

O primeiro ponto é *o assento*. Às vezes, as pessoas referem-se à meditação como tomar assento. Tomar assento significa sentar-se em meditação com a confiança de que você tem o direito de estar ali, o direito de estar totalmente desperto. Em termos literais, o assento deve ser reto e estável. Se preferir, você pode se sentar sobre uma almofada para elevar a pélvis e incliná-la ligeiramente para a frente, o que o ajuda a se sentar confortavelmente sem se curvar. De qualquer modo que se sentar, o corpo deve estar alinhado – sem estar muito inclinado para a frente nem para trás, nem para a direita ou esquerda. A ideia é achar uma posição confortável, de modo que você não vá oscilar nem ficar mudando de posição durante o período de meditação.

Se você achar desconfortável sentar numa almofada, sente-se numa cadeira, preferencialmente numa que tenha o encosto e a base retos. Sente-se um pouco mais para a frente na cadeira para não ficar encostado e deixe os dois pés plantados no chão.

O segundo ponto da boa postura refere-se às *pernas*. Se você estiver sentado numa almofada, suas pernas devem ficar confortavelmente cruzadas à frente. Para diminuir a tensão nas costas, não deixe os joelhos mais elevados que os quadris. Experimente diferentes posições de pernas até achar uma que seja confortável. Se você ficar muito desconfortável durante a meditação, pode temporariamente adotar a postura de descanso: mantendo as costas eretas, flexione os joelhos e puxe as pernas para o peito. Pode abraçar as pernas para firmá-las.

O ponto seguinte da boa postura é o *torso* (do pescoço até as nádegas). Qualquer postura que você escolher, a ideia é manter o torso ereto. A instrução de Chögyam Trungpa era "peito aberto, costas fortes". "Costas fortes" não significa costas rígidas, mas sim coluna e ombros eretos. Isso deixa o peito bem aberto e lhe permite sentir o coração. Se você começa a se curvar, a área do coração fica contraída, como se você o estivesse fechando. Então sente-se novamente ereto e abra-se, pronto para receber o que surgir. Algumas pessoas mantêm o torso ereto visualizando as vértebras empilhadas uma sobre a outra. Outras imaginam um cordão invisível preso ao alto da cabeça, que puxa o corpo para cima. O queixo deve ficar ligeiramente para dentro, sem se projetar à frente.

As *mãos* são o quarto ponto da boa postura. Uma posição clássica é colocar as mãos nas coxas com as palmas voltadas para baixo. Tradicionalmente, isso se denomina posição de "repousar a mente". O comprimento dos braços varia, portanto você terá que experimentar e ver onde pousar as mãos confortavelmente nas coxas, de modo que seu corpo fique alinhado.

Depois vamos para os *olhos*, o quinto ponto da boa postura. Algumas pessoas gostam de meditar com os olhos fechados, mas na tradição em que fiz meu treinamento mantemos os olhos abertos, voltados ligeiramente para baixo, fixados a uma distância de um metro a um metro e meio adiante. Manter os olhos abertos é um modo de cultivar a receptividade – receptividade a quaisquer pensamentos e emoções que surjam na mente durante a meditação, receptividade ao ambiente imediato. Isso nos ajuda a ficar totalmente presentes e a cultivar uma atitude de aceitação.

O ponto final da postura é a *boca*. A boca fica levemente aberta. O propósito disso é permitir que os maxilares relaxem e permitir que a respiração passe facilmente pelo nariz e pela boca.

Ao nos sentarmos para meditar, começamos por passar pelos seis pontos da boa postura, verificando um de cada vez. Às vezes nos referimos a isso como "dar um *flashback* em nosso senso de ser", o que nos permite estar presentes em nosso corpo enquanto assistimos ao filme da vida se desenrolar.

Podemos praticar o estar presente durante todo o dia: não é preciso estar meditando formalmente. O objeto ou foco da plena atenção pode ser qualquer coisa que nos leve de volta bem para onde estamos. Se estivermos andando na rua, o objeto da meditação pode ser o movimento das pernas e dos pés. Se estivermos lavando a louça, pode ser as mãos. Podemos levar a plena atenção a qualquer coisa – abrir uma porta, lavar o cabelo, fazer a cama.

O objeto ou foco da meditação formal é a respiração. Ficar com a atenção plena na respiração mantém-nos presente. Quando nos distraímos, como provavelmente acontecerá, não fazemos nenhum estardalhaço disso. Nossa atitude em relação à prática é sempre de ternura e aceitação. Como meu professor Sakyong Mipham costuma dizer, devemos meditar a partir do coração. Quando a mente divaga, nós simplesmente a trazemos de volta para o futuro, repetidamente. Não tentamos respirar de modo forçado, mas deixamos o ar fluir para dentro e para fora naturalmente. Por sua própria natureza, a respiração não é dominável, não há nada em que nos segurar. Assim sendo, nossa respiração proporciona uma ligação imediata com a impermanência, conforme a experimentamos surgindo e se dissolvendo de volta no espaço, de modo contínuo. Usar a respiração como objeto de meditação nos introduz ao desenraizamento essencial da vida e à experiência de abandono. Isso já é um treinamento para o terceiro passo da prática, dar um salto. Como a meditação é um treinamento para se ficar aberto a tudo que surge e relaxado no processo, ela também nos proporciona o alicerce adequado para a autoaceitação e ternura com os outros. Em outras palavras, ela nos dá a prática para sentir nosso coração.

Sem fazer esforço, pousamos nossa atenção na respiração conforme o ar entra e sai. Algumas pessoas preferem focar apenas na expiração. De qualquer modo, a atenção deve ser tão leve que apenas um quarto da nossa consciência fique na respiração, enquanto três quartos ficam no espaço em torno dela. O ar sai e dissolve-se no espaço, depois inspiramos novamente. Isso continua sem nenhuma necessidade de que façamos acontecer ou controlar a respiração. Cada vez que o ar sai, nós simplesmente deixamos que saia. Qualquer coisa que ocorrer – nossos pensamentos ou emoções, sons ou movimentação no ambiente – treinamos para aceitar sem nenhum julgamento de valor.

Usar a respiração como objeto de meditação dá apoio à capacidade natural da mente de ficar presente. Mas a primeira coisa que a maioria das pessoas percebe ao começar a meditar é a facilidade com que a mente divaga, a facilidade com que nos distraímos e nos perdemos em planejamentos e lembranças. Quando a mente divaga, a respiração serve de matriz para onde sempre podemos retornar.

O hábito de existir, de escapar em pensamentos e devaneios, é uma ocorrência comum. Na verdade, passamos a maior parte do tempo na fantasia. A mestra Zen, Charlotte Joko Beck, chamava essas fantasias de "vida substituta".

É claro, não precisamos estar meditando para que a mente divague para essa vida substituta. Podemos estar escutando alguém falar e afastar-nos mentalmente. A pessoa está bem na nossa frente, mas nós estamos na praia em Waikiki. O modo principal de nos afastarmos é mantermos um comentário interno ativo sobre o que está acontecendo e como estamos nos sentindo: *gosto disso, não gosto daquilo, estou com calor, estou com frio*, e assim por diante. Na verdade, podemos nos envolver tanto com esse diálogo interno que as pessoas à volta ficam invisíveis. Sendo assim, uma parte importante da prática da meditação é largar sem agressividade essa conversa que se passa em nossa cabeça e alegremente voltar ao presente, ficando física e mentalmente presentes, sem conjeturar sobre o futuro nem reviver o passado, mas, nem que seja brevemente, ficar no momento.

Para trazer nossa atenção de volta à respiração, usamos uma técnica chamada de rotulagem. Sempre que notamos que estamos distraídos, fazemos uma anotação mental, "pensando", e retornamos suavemente a atenção para a respiração. Ao meditarmos, é importante ter uma atitude gentil, para treinar o fazer amizade com nós mesmos em vez de fortalecer a rigidez e a autocrítica. Assim sendo, tentamos rotular com bom coração, com uma mente tolerante. Gosto de imaginar que os pensamentos são bolhas e que rotulá-los é como tocar uma bolha com uma pena. Isso é muito diferente de atacar os pensamentos como se fossem pombos que estivéssemos tentando derrubar a tiro.

Um discípulo disse que chamava a voz em sua cabeça de "pequeno sargento". O sargento era sempre hostil e crítico, sempre dando ordens: "Evolua" "Faça a coisa direito!" Em vez disso, cultivamos a autoaceitação incondicional. Cultivamos o sentir o coração. Ao descobrirmos que estamos rotulando o pensamento em tom hostil, podemos parar e usar uma voz mais branda.

Há uma forma tradicional de meditação que envolve a observação atenta dos tipos de pensamentos que surgem e então rotulá-los de acordo – pensamento hostil, divertido, passional, irritado e assim por diante. No entanto, como desse modo há julgamento envolvido na rotulação dos pensamentos, Chögyam Trungpa ensinou a abandonar todos os rótulos que caracterizam os pensamentos como virtuosos ou não e simplesmente rotular os pensamentos como "pensando". É apenas isso que são, pensar – nada mais nem menos.

Shantideva instiga-nos entusiasticamente a ficar presentes, mesmo com extremo desconforto. "Não há nada que não fique leve por meio de hábito e familiaridade", diz ele. "Suportando pequenas inquietações, eu treino para aguentar adversidades maiores."

Mas como, exatamente, treinamos o ficar atentos não apenas às "pequenas inquietações" – os aborrecimentos menores da vida – mas também às "adversidades maiores"? O mestre budista tibetano Dzongsar Khyentse chamava as irritações da vida cotidiana de "sofrimento burguês". É se abrindo totalmente para essas inconveniências do cotidiano – nosso restaurante favorito estar fechado, ficar preso no tráfego, mau tempo, pontadas de fome – que desenvolvemos a capacidade de ficar atentos em face de desafios maiores. A prática da meditação nos proporciona um modo de trabalhar com pensamentos e emoções, com os medos e dúvidas que surgem repetidamente na mente quando são desencadeados por situações externas difíceis. Apoiados pela respiração, aprendemos a ficar presentes com toda nossa experiência, até com uma grande adversidade e a rotular os pensamentos, deixá-los passar e retornar ao aqui e agora.

Algumas pessoas acham que rotular é incômodo e desnecessário, mas a prática pode ser muito profunda. Rotular sem julgar ajuda-nos a ver a natureza efêmera dos pensamentos, que estão sempre se dissolvendo, são sempre evasivos, nunca previsíveis. Quando dizemos "pensando", estamos apontando para a natureza vazia dos pensamentos, para a transparência dos pensamentos e emoções.

Essa técnica básica de meditação foi projetada para nos ajudar a ficar abertos e receptivos não apenas aos nossos pensamentos e emoções, não apenas às nossas circunstâncias externas e pessoas que encontramos, mas também ao próprio desenraizamento, a essa energia subjacente que é tão ameaçadora para a parte em nós que deseja certeza. Essa prática nos permite ficar bem perto dessa energia tensa e desconfortável. Ela nos permite a familiarização com nada em que se agarrar, com o pisar no próximo instante sem saber o que irá acontecer. Ela nos dá prática para dar o salto. Ela também nos dá o espaço para notar como a mente imediatamente tenta nos entreter ou criar situações de fuga ou vingança ou a fazer qualquer outra coisa na tentativa de proporcionar segurança e conforto.

À medida que continuamos a prática, passaremos a experimentar a energia impermanente e mutável não apenas como ameaçadora, mas também como refrescante, liberadora e inspiradora. É a mesma energia – nós apenas a experimentamos de duas formas diferentes. Ou conseguimos relaxar nela, vendo-a como a natureza verdadeira da nossa mente, nossa bondade incondicional, ou podemos reagir contra ela. Quando reagimos contra ela – quando sentimos a energia como assustadora, desconfortável e inquieta e nosso corpo quer se mover e nossa mente quer se agarrar a algo – podemos treinar com a técnica básica de rotular os pensamentos e deixá-los passar, depois trazer nossa atenção de volta para a respiração e ficar no presente com o sentimento. Basta conseguir sentar e praticar a plena atenção, o estar desperto, o estar bem ali por apenas dez minutos por dia. Podemos praticar a ternura e a aceitação. Podemos treinar para deixar a respiração e os pensamentos passarem e para receber o momento seguinte com a mente aberta. Essa é a preparação de que necessitamos para a prática dos três passos e, muito mais, para viver uma vida desperta.

Sakyong Mipham recomenda que, ao nos sentarmos para meditar, contemplemos nossa intenção para a sessão. Nossa intenção pode ser a de fortalecer a estabilidade natural da mente com o treinamento de retornar continuamente ao corpo, ao nosso estado de espírito atual e ao nosso ambiente. Ou nossa intenção pode ser a de fazer amizade com nós mesmos, de ser menos implacáveis e críticos ao meditar, de modo que possamos treinar a notar nosso tom de voz ao rotularmos e sermos mais suaves, de não sermos muito rígidos ou de nos fixarmos na meta em nossa prática. Nossa intenção pode ser a de entregar os pontos e não reter a respiração rigidamente, como se fosse um barco salva-vidas, de não nos prendermos aos nossos pensamentos, de não acreditar em nossos enredos. Podemos pretender reconhecer os pensamentos à medida que surgirem e treinar para deixá-los passar. Podemos ter a intenção de treinar tudo isso ou algo completamente diferente, algo que seja particularmente importante para nós.

Podemos separar um tempo para a meditação todos os dias. Pode ser um período tão curto quanto cinco ou dez minutos ou pelo tempo que quisermos continuar.

Primeiramente, contemple sua intenção para essa prática. Depois observe os seis pontos da boa postura para acomodar o corpo. Se gostar, pode então contar as respirações de 1 a 10 ou de 1 a 20 para acomodar a mente. Depois pare de contar e simplesmente dê uma ligeira atenção à respiração. Conforme continua a meditar, mantenha a atenção suave no ar que entra e sai ou apenas no que sai. Quando a mente divagar, gentilmente rotule os pensamentos "pensando" e alegremente, sem crítica, leve a atenção de volta à respiração.

Com o tempo, à medida que a mente pensante começa a se acomodar, começamos a ver nossos padrões e hábitos com muito mais clareza. Pode ser uma experiência dolorosa. É impossível exagerar a importância de nos aceitarmos exatamente como somos agora mesmo, não como desejaríamos ser ou achamos que deveríamos ser. Ao cultivar uma abertura tolerante para conosco e para com tudo que surgir, veremos com surpresa e deleite que nos encontraremos genuinamente saudando a qualidade nunca fixa da vida, experimentando-a como uma amiga, uma professora e um apoio, não mais como uma inimiga.

5

Ficar no meio

UMA PALAVRA CRUEL ou comentário depreciativo, uma expressão facial desdenhosa ou reprovadora, linguagem corporal agressiva – todos são modos de causar dano. O primeiro compromisso nos permite desacelerar o bastante para ficarmos bem íntimos do modo como nos sentimos ao sermos levados ao limite, bem íntimos do ímpeto de atacar ou recuar, de nos tornarmos abusivos ou ficarmos anestesiados. Ficamos bem conscientes dos anseios, das aversões, da sensação de querer falar ou agir impulsivamente.

Não agir segundo nossos padrões habituais é apenas o primeiro passo em direção a não prejudicar os outros nem a nós mesmos. O processo transformador começa num nível mais profundo, quando entramos em contato com a crueza que nos é deixada sempre que nos contemos. Dzigar Kongtrül ensina a prática não violenta de cozinhar em fogo baixo como um modo de trabalhar nossas tendências agressivas. Ele diz que em vez de "ferver nossa agressão, como um pedaço de carne cozinhando numa sopa", nós a cozinhamos em fogo baixo. Nós nos permitimos esperar, sentar pacientemente com o impulso de agir ou falar do modo como sempre fazemos e sentimos toda a força daquele impulso sem dar as costas nem ceder. Sem reprimir nem rejeitar, ficamos no meio entre os dois extremos, no meio entre sim e não, certo e errado, verdadeiro e falso. Essa é a jornada para desenvolver um bom coração e uma tolerância corajosa com nossa dor. Cozinhar em fogo baixo é um modo de ganhar força interior. Isso nos ajuda a desenvolver a confiança em nós mesmos – a confiança de que podemos experimentar a inquietude, o desenraizamento, a incerteza essencial da vida e trabalhar com a mente, sem agir de modo que seja prejudicial para nós mesmos e os outros.

Antes de firmar o primeiro compromisso, precisamos nos perguntar se estamos prontos para fazer algo diferente. Já estamos cheios dos nossos velhos padrões repetitivos? Queremos dar espaço para o surgimento de novas possibilidades? O hábito de escapar é muito forte, mas estamos prontos para reconhecer quando somos fisgados? Estamos dispostos a conhecer nossos acionadores e a não reagir do modo habitual? Estamos prontos para nos abrirmos para a incerteza – ou pelo menos a fazer uma sincera e dedicada tentativa? Se pudermos responder sim a qualquer dessas perguntas, então estamos prontos a fazer esse voto.

Com o comprometimento de não causar dano, deixamos de reagir de maneiras que nos façam sofrer, mas ainda não chegamos a um lugar que seja inteiramente relaxado e livre. Primeiramente, temos que passar por um processo de crescimento, por um processo de se acostumar. Esse processo, essa transição é a de ficarmos confortáveis com exatamente o que estamos sentindo enquanto sentimos. A prática chave para nos apoiarmos nisso é a plena atenção – estar totalmente presentes aqui mesmo, agora mesmo. A meditação é uma forma de plena atenção, mas a plena atenção recebe muitos nomes: *consciência*, *percepção* e *presença* são apenas alguns. Essencialmente, plena atenção significa estar desperto – totalmente alerta e presente. Para Chögyam Trungpa era prestar atenção a todos os detalhes da sua vida.

Os detalhes específicos de nossas vidas irão variar, é claro, mas para todos nós estar desperto tem a ver com tudo, desde como preparamos o jantar até como falamos uns com os outros, a como cuidamos das nossas roupas, do nosso chão, dos nossos garfos e colheres. Assim como com os outros aspectos desse comprometimento, nós estamos presentes quando vestimos nosso blusão, calçamos nossos sapatos ou escovamos os dentes, ou não. Estamos despertos ou adormecidos, conscientes ou distraídos. O contraste é bem óbvio. Chögyam Trungpa enfatizava a plena consciência e o prestar atenção aos detalhes de nossas vidas como modos de desenvolver a apreciação por nós mesmos e nosso mundo, como modos de nos libertarmos do sofrimento.

Você constrói a força interior abraçando a totalidade da sua experiência, tanto as partes boas quanto as difíceis. Abraçar a totalidade da sua experiência é uma definição de ter amorosidade por si mesmo. Amorosidade por si mesmo não significa garantir que se sinta bem todo o tempo – tentando acomodar sua vida para se sentir confortável a cada instante. Em vez, significa acomodar sua vida para que tenha tempo para meditação e autorreflexão, para ser honesto consigo próprio de um modo generoso e piedoso. Desse modo, você fica mais sintonizado para ver quando está mordendo a isca, quando está ficando preso na contracorrente das emoções, quando está se agarrando ou deixando passar. Esse é o modo de se tornar um verdadeiro amigo de si mesmo bem como você é, tanto com sua preguiça como com sua coragem. Não há passo mais importante que este.

É um negócio complicado – não rejeitar nenhuma de suas partes, ao mesmo tempo em que está bem consciente do quanto algumas delas são constrangedoras ou dolorosas. O que a maioria de nós faz é dirigir a vida no sentido de evitar sentimentos desagradáveis enquanto nos apegamos a qualquer coisa que achamos que nos fará sentir bem e seguros. Sob um ponto de vista convencional, isso faz todo o sentido. No entanto, da perspectiva de permanecer com nossa experiência direta, de abrir para a indefinição da vida, essa estratégia leva ao fracasso, exatamente ao que nos mantém imobilizados.

Há um exercício que pode nos ajudar a refletir sobre essa tendência automática de nos apegarmos ao que nos faz sentir bem e afastar o que nos faz sentir mal:

Sente-se em silêncio por alguns minutos e fique atento à respiração, conforme o ar entra e sai. Depois reflita sobre o que faz quando está infeliz ou insatisfeito e deseja se sentir melhor. Pode até fazer uma lista, se quiser. Depois pergunte a si mesmo: funciona? Já funcionou alguma vez? Acalma a dor? A dor aumenta progressivamente? Se você for bem honesto, fará algumas observações muito interessantes.

Um dos vislumbres que muita gente tem quando faz esse exercício é que, sim, esses esforços para me fazer sentir melhor funcionam – mas não por muito tempo. E o motivo para que deixem de funcionar é que nossas estratégias contêm uma contradição inerente. Tentamos nos agarrar a prazeres fugazes e evitamos o desconforto num mundo em que tudo está em constante mudança. Nossas estratégias não são confiáveis. O modo como tentamos nos sentir seguros e felizes está em desacordo com os fatos da vida.

Há um ensino budista, chamado de oito preocupações mundanas, que descreve essa aflição. Ele aponta para nossas principais preocupações na vida – o que nos impulsiona, o que esperamos e o que tememos. Aponta para o modo como tentamos continuamente evitar a incerteza inerente de nossa condição, como tentamos continuamente arrumar um terreno sólido onde pisar. As oito preocupações mundanas são apresentadas em quatro pares de opostos: prazer e dor, ganho e perda, fama e desgraça, elogio e censura.

Somos movidos pelo prazer e dor o tempo todo. A atração é simples: queremos prazer, não queremos dor. Nosso apego a eles é muito forte, muito visceral nos dois extremos. Sentimos aquele aperto no estômago de sermos fisgados quando ansiamos por algo – quando somos dominados pelo desejo ou necessidade – e quando sentimos aversão por algo e tentamos afastá-lo.

Podemos passar toda uma vida perseguindo o prazer e tentando afastar-nos da dor, sem nunca estar presentes com o sentimento subjacente de descontentamento. Mas a certa altura talvez nos demos conta de que podemos fazer mais para nos libertarmos do que tentar evitar o desconforto, fazer mais pela felicidade duradoura do que buscar prazeres e alívio temporários.

Nosso apego a ganho e perda também nos mantém na corrida ao topo. Então lançamos a luz da plena atenção para nosso *shenpa* ao que temos ou queremos e nosso *shenpa* igualmente forte ao que não temos ou podemos perder. Por exemplo, o dinheiro que temos ou deixamos de ter preocupa tanto os ricos quanto os pobres – e mais ou menos todo mundo entre essas duas extremidades – em todos os países do mundo.

Recentemente, conheci uma mulher que inesperadamente herdou quinhentos mil dólares. Compreensivelmente, ela ficou extasiada. Investiu o dinheiro e alegremente ficou observando-o crescer até que o mercado de ações quebrou e ela perdeu tudo de modo tão súbito como havia ganho. Após dois meses de profunda depressão (ela disse que ficou quase catatônica, sem poder comer nem dormir), ela teve uma revelação. Ela começou a compreender que sempre estivera razoavelmente confortável financeiramente. Estava bem antes de tirar a sorte grande e estava igualmente bem agora que sua fortuna recém-conquistada fora perdida. O que ela adorou contar foi sua descoberta da satisfação fundamental, intocada pelo ganho e perda.

Ganho e perda também podem se relacionar com as posses que temos ou deixamos de ter e com o impulso de adquirir coisas (a terapia consumista, como alguns chamam), assim como com a posição na vida que temos ou não. A competitividade – geralmente do tipo implacável – é dolorosamente visível em nossa sociedade atual. É vista na política, nos esportes, nos negócios e até nas amizades. Suas dolorosas consequências também são claras.

Em Gambo Abbey tentamos outra abordagem. Todos os anos, no 1º de julho – o dia nacional do Canadá – temos um jogo de *baseball* com o Departamento de Bombeiros local. Treinamos por meses e todo mundo joga com toda a dedicação – os bombeiros com suas cervejas e nós com nossos mantos – mas nenhum lado realmente se importa em ganhar ou perder. Nós apenas nos divertimos, sem o sofrimento que é inevitável quando ficamos emaranhados com perda e ganho.

Fama e desgraça são definitivamente uma cilada em que caímos. Não são muitas pessoas que estão em posição de ficar famosas, mas esse casamento pode-se traduzir em querer uma boa reputação – querer que as pessoas pensem bem de nós – e não querer má reputação. Esse sentimento é muito profundo para a maioria das pessoas. Para alguns de nós, tudo que fazemos e dizemos é para assegurar que pensem bem de nós, que sejamos admirados e não rejeitados.

Shantideva diz que a reputação é algo tão frágil quanto um castelo de areia. A criança o constrói, decora-o lindamente e fica muito orgulhosa dele, mas com a vinda de uma onda tudo é varrido embora. É como a boa reputação de políticos ou professores espirituais que se perde da noite para o dia por causa de má conduta sexual.

E mesmo quando a fama é alcançada, será que ela traz a felicidade que as pessoas esperam? Reflita no quanto é comum ter riqueza e fama, mas ser infeliz, como Michael Jackson, Marilyn Monroe e Elvis. E se treinássemos para ficar no meio – naquele espaço aberto e desapegado entre buscar o que é confortável e evitar o que não é?

Finalmente, vamos refletir sobre nosso apego ao elogio e à censura. Queremos ser elogiados e não criticados. Algumas pessoas florescem quando recebem louvores por um trabalho bem feito, mas desmoronam ao receberem críticas, mesmo que sejam construtivas. Criancinhas, adolescentes e, sim, até adultos mais maduros ficam animados com elogios e deprimidos com a crítica. Os ventos do elogio e da censura nos sacodem com muita facilidade.

> Isso acontece há eras. Eles criticam os quietos. Criticam os tagarelas. Criticam os moderados. Não há no mundo quem escape à critica. Nunca houve e nunca haverá, nem há agora, quem seja totalmente criticado nem totalmente aprovado.

Sakyamuni Buda disse isso há mais de dois mil e quinhentos anos, mas tudo indica que algumas coisas nunca mudam.

De um modo ou outro, estamos todos presos por nosso apego às oito preocupações mundanas. Certa vez, Dzigar Kongtrül disse que é como se tivéssemos dupla personalidade: podemos achar que estamos comprometidos com um caminho espiritual, mas, tristemente, estamos igualmente comprometidos com as oito preocupações mundanas, com aceitar o que é confortável e rejeitar o que não é. Isso não nos leva rapidamente a nenhum lugar. Sem essa dupla personalidade, no entanto, nosso compromisso de despertar fica sincero. Deixamos de ficar cegos pelas oito preocupações mundanas e presentes com o desconforto subjacente.

Quando decidimos trabalhar com o compromisso de não causar dano, é preciso investigar o quanto estamos seduzidos pelas oito preocupações mundanas. Estamos dispostos a fazer todo o possível para nos libertarmos da tirania do prazer e da dor, do que as pessoas pensam, do fato de ganhar ou perder, do fato de termos uma boa ou má reputação? Não importa a distância a que se chegue na nossa libertação antes de morrer. O que importa é que fizemos a jornada.

Depois de receber o diagnóstico de câncer, o gênio visionário Steve Jobs disse o seguinte sobre a liberdade das oito preocupações mundanas:

> Lembrar que morrerei em breve é o instrumento mais importante que já encontrei para me ajudar a fazer as grandes escolhas da minha vida. Pois quase tudo – todas as expectativas externas, todo orgulho, todo medo de constrangimento ou fracasso – essas coisas simplesmente desmoronam diante da morte, deixando apenas o que é verdadeiramente importante. Lembrar que você vai morrer é o melhor modo que conheço para evitar a cilada de pensar que se tem algo a perder. Você já está nu. Não há motivo para não seguir seu coração.

O primeiro compromisso é um voto para tomar conhecimento dos seus acionadores, um voto para que, custe o que custar, você vá piedosamente reconhecer quando for fisgado pelas oito preocupações mundanas – ou, na verdade, fisgado por qualquer coisa. Quando você olha para o que o incomoda, isso sem dúvida tem algo a ver com o que você quer ou não. Sempre que perceber que foi fisgado, bem no ato, sendo gentil consigo mesmo, você pode reconhecer que foi fisgado. E então pode perguntar a si mesmo: Qual das oito preocupações mundanas me agarrou? Medo da perda? Esperança de ganhar? A dor de ser censurado? O desejo de ser elogiado? E quem está no controle aqui – eu ou as oito preocupações mundanas?

No entanto, nem conseguimos reconhecer o que está acontecendo, se estivermos presos aos nossos pensamentos – a nos preocuparmos, planejar e fantasiar. É por isso que continuamos a treinar na meditação, observando quando ficamos perdidos em pensamentos e depois retornamos ao instante presente.

Alguns anos atrás tive uma experiência de ser libertada da tirania das oito preocupações mundanas. Naquela época, eu estava morando num centro de retiros com nove pessoas e todas as tardes nos reuníamos para um período de trabalho. Esse era um momento doloroso para mim, porque não havia quase nada que eu pudesse fazer. Não podia puxar água, por causa do meu problema de coluna. Não podia pintar os deques, devido a sensibilidades ambientais. Eu ficava praticamente inútil naquela situação e isso era extremamente irritante para o líder da tarefa. Eu me sentia velha, frágil, incompetente e malquista. Realmente infeliz.

Isso me levou a uma profunda ponderação: se eu não era a professora espiritual consumada e respeitada que me acostumara a ser, então quem era? Sem a confirmação externa, sem os rótulos, quem eu era? Falei com Dzigar Kongtrül sobre minha preocupação e ele me perguntou, "Não é um grande alívio?" Tive que ser sincera e dizer: "Ainda não."

Então alguns de nós foram convidados a assistir umas palestras de cunho espiritual na cidade. Assim que chegamos, comecei a ser tratada como uma pessoa especial. Deram-me um assento especial, um copo especial de água, um lugar especial na primeira fila.

Ver a grande diferença de como me percebiam tocou no apego profundo que eu tinha à fama e desgraça, à perda e ganho, à esperança e medo em relação à minha identidade. Lá no alto da montanha, no centro de retiros, eu não era ninguém. Ali embaixo, na palestra, eu era uma convidada especial, digna de respeito. Contudo, esses rótulos eram apenas mutáveis, ambíguos. Essencialmente, eu nunca poderia ser definida, nunca poderia ser rotulada de modo definitivo. No momento, senti genuinamente o alívio de que Dzigar Kongtrül falara.

No fundo, as oito preocupações mundanas são apenas um mecanismo ultrapassado de sobrevivência. Nesse sentido, ainda estamos funcionando num nível muito primitivo, completamente à mercê da esperança e do medo. O mecanismo de evitar a dor e buscar o prazer impediu que fôssemos comidos, impediu que morrêssemos congelados no inverno, levou- nos a pensar num jeito de conseguir alimentos e de nos vestir. Isso funcionou bem para nossos ancestrais, mas não está funcionando muito bem para nós agora. Na verdade, estamos sempre reagindo de forma exagerada quando nem é uma questão de vida e morte. Nós nos comportamos como se nossa existência estivesse ameaçada, quando só o que está em jogo, talvez, seja uma dívida atrasada. Somos como bolas de pingue-pongue sendo jogadas de um lado para o outro por nossas aversões e desejos e nosso prazo para tentar uma nova alternativa já passou faz muito.

No ano 2000, os anciões da Nação Hopi fizeram uma previsão sobre o futuro e deram seu conselho sobre como viver no milênio iminente. Os anciões Hopi são considerados os protetores da Terra, os responsáveis pela sobrevivência (ou não) do nosso planeta. Eles disseram que no momento estamos num rio que flui rapidamente e que muitas pessoas ficariam com medo e tentariam se agarrar à margem. Porém, disseram, aqueles que se agarrarem à margem "vão sofrer enormemente". O conselho dos anciões é largar a margem e ir para o meio do rio, ver quem está lá conosco – "e celebrar".

Refrear, mas sem reprimir, observar nossa experiência pessoal de sermos fisgados, reconhecer nossos acionadores, a prática não violenta de cozinhar em fogo baixo – são todos modos de abandonar a margem e seguir para o meio do rio. Todos eles são modos de nos permitirmos viver livres de enredos, livres de apegos paralisantes ao que queremos e não queremos, livres de mentes fixas e egocentrismo. Se não atuamos em cima de nossos anseios por prazer ou de nosso medo da dor, ficamos no meio imprevisível, na vastidão aberta. A instrução é repousar nesse lugar vulnerável, repousar nesse estado intermediário, sem se entrincheirar e ficar fixos em nossos sistemas de crença, mas dar uma olhada renovada com uma perspectiva mais ampla.

A verdade é que sempre estamos em algum tipo de estado intermediário, sempre em processo. Nunca chegamos totalmente. Quando estamos presentes com a qualidade dinâmica da nossa vida, também estamos presentes com a impermanência, a incerteza e a mudança. Se conseguirmos ficar presentes, então finalmente poderemos entender que não há segurança nem certeza nos objetos do nosso prazer ou da nossa dor, não há certeza no vencer ou perder, nos elogios ou críticas, na boa ou má reputação – nenhuma segurança ou certeza em nada que seja fugaz, sujeito à mudança.

O compromisso de não causar dano é muito bem definido. O único modo de quebrá-lo é falando ou agindo com a mente confusa.

A simplicidade e clareza desse compromisso nos ajudam a construir alicerces inabaláveis de força interior. Isso se manifesta como coragem de se arriscar, a coragem de não agir da mesma velha maneira. Estabelece confiança em nossa capacidade de cultivar a renúncia no nível mais profundo e em nossa capacidade de ver o *shenpa* quando surge e de perceber quando somos novamente fisgados pelas oito preocupações mundanas. Estabelece confiança em nossa capacidade de viver sem um plano de jogo, de viver sem os grilhões da esperança e do medo. Quando as pessoas firmam esse compromisso, elas começam a mudar. Podemos encontrá-las após um ou dois anos e ver que algo nelas se suavizou. Elas parecem mais em casa consigo mesmas e com o mundo, mais flexíveis e mais fáceis na convivência.

Num certo ponto, se tiver sorte, você se depara com uma parede de verdade e cogita o que andou fazendo da sua vida. Nesse ponto você se sentirá altamente motivado a descobrir o que o liberta e o ajuda a ser mais gentil e amoroso, menos conduzido pelo apego e menos confuso. Na verdade, nesse ponto você vai querer estar presente – presente ao passar por uma porta, ao dar um passo, ao lavar as mãos ou um prato, presente ao sofrer um desencadeamento, presente no cozinhar em fogo baixo, presente no ir e vir de suas emoções e pensamentos. Com o passar dos dias, você descobrirá que vai perceber mais cedo quando for fisgado e será mais fácil conter-se. Se continuar a fazer isso, vai acontecer uma espécie de descarte – um descarte dos velhos hábitos, de ser conduzido por prazer e dor, um descarte de ser refém das oito preocupações mundanas.

Despertar não é um processo de nos construirmos, mas um processo de deixar passar. É um processo de relaxar no meio – o meio paradoxal, ambíguo, cheio de potencial, cheio de novos caminhos de pensar e ver – sem nenhuma garantia de respaldo monetário no que vai acontecer a seguir.

O segundo compromisso
Comprometer-se a cuidar dos outros

Fazer o voto de ajudar os outros significa que, em vez de se agarrar ao próprio território e defendê-lo com unhas e dentes, nós nos abrimos para o mundo em que vivemos. Significa que estamos dispostos a assumir uma responsabilidade maior, uma responsabilidade imensa. De fato, significa assumir um grande risco.

— Chögyam Trungpa Rinpoche

6

Além da zona de conforto

A COMPAIXÃO É AMEAÇADORA para o ego. Podemos pensar nela como algo carinhoso e reconfortante, mas na verdade é bem crua. Quando saímos com a intenção de apoiar outros seres, quando chegamos tão longe a ponto de nos colocarmos em lugar do outro, quando aspiramos a nunca nos fecharmos para ninguém, rapidamente nos encontraremos no desconfortável território da "vida fora dos meus termos". O segundo compromisso, tradicionalmente conhecido como o Voto do Bodhisattva, ou voto do guerreiro, desafia-nos a mergulhar nessas águas não aconchegantes e a nadar para além da nossa zona de conforto.

Nossa disposição a firmar o primeiro compromisso é o passo inicial rumo a um completo relaxamento com a incerteza e a mudança. O compromisso é nos abstermos da fala e da ação que seria prejudicial a nós mesmos e a outros e depois fazer amizade com os sentimentos subjacentes que, a princípio, nos motivaram a causar dano. O segundo compromisso escora-se nesse alicerce: fazemos o voto de nos movermos conscientemente em meio à dor do mundo para ajudar a aliviá-la. Em essência, é um voto de cuidarmos uns dos outros, mesmo que às vezes signifique não gostar da sensação que isso dá.

O segundo compromisso está profunda e inabalavelmente ligado a *bodhicitta*, tradicionalmente definido como a ânsia de despertar para podermos ajudar os outros a fazer o mesmo, uma ânsia de ir além dos limites da felicidade convencional, além da escravidão ao sucesso e fracasso, elogio e censura. *Bodhicitta* também é a confiança em nossa capacidade inata de ir além da opinião tendenciosa, além do preconceito e das opiniões fixas e de abrir nosso coração a todos: àqueles de quem gostamos ou não, àqueles que nem sequer percebemos e àqueles que talvez nem venhamos a conhecer. *Bodhicitta* contrapõe-se à nossa tendência de ficar paralisados num pensamento muito estreito, à nossa resistência à mudança.

Esse grau de abertura surge da confiança de que todos temos uma bondade básica e que podemos interagir uns com os outros de modo a trazer isso à luz. Em vez de reagir agressivamente quando somos provocados, de ficar perpetuando o ciclo da dor, confiamos na possibilidade de nos ocuparmos de outros a partir de um ponto de curiosidade e dedicação e desse modo entrar em contato com sua integridade e sabedoria interiores.

Alguns anos atrás, uma amiga que trabalha numa loja de departamentos decidiu que iria testar sua crença de que todo mundo é basicamente bom. Ela queria ver se encontraria alguém que a fizesse sentir que não era um candidato. Todos os dias ela encontrava pessoas simpáticas, com certeza, mas também muitas pessoas grosseiras, arrogantes e pura e simplesmente canalhas. Em cada caso, ela experimentou maneiras de penetrar sob suas fachadas, de passar por suas defesas e contatar seu bom senso, humor e gentileza. Quando nos falamos por último, ela ainda não havia encontrado ninguém que não tivesse uma bondade básica, e ela trabalha na mesma loja há 15 anos.

Com o primeiro compromisso, começamos a construir confiança em nossa capacidade de abraçar a energia crua, tensa, imprevisível da vida. Com o segundo compromisso, damos um passo adiante no desenraizamento como fonte de despertar em vez de fonte de pavor, como um caminho para o destemor em vez de uma ameaça à nossa sobrevivência. Se já não estivermos treinando a relaxar com a inquietude essencial, firmar o segundo compromisso pode ser aterrador, pois estamos indo mais fundo para um final em aberto, um território indefinido chamado beneficiar os outros.

Comprometer-se a beneficiar os outros é tradicionalmente chamado de caminho do *bodhisattva*, o caminho do herói e da heroína, o caminho do guerreiro espiritual, cujas armas são gentileza, clareza mental e coração aberto. A palavra tibetana para guerreiro, *pawo* para eles e *pawmo* para elas, significa "aquele que cultiva a bravura". Como guerreiros em treinamento, nós cultivamos coragem e flexibilidade para viver com a incerteza – com o sentimento instável, frágil, da ansiedade, do nada a que se agarrar – e dedicar nossas vidas a ficarmos disponíveis para todas as pessoas, em todas as situações.

O compromisso de cuidar uns dos outros é muitas vezes descrito como um voto de convidar todos os seres sencientes a serem nossos hóspedes. A perspectiva é assustadora. Significa que todo mundo virá à nossa casa. Significa abrir nossa porta para todos, não apenas para as pessoas que gostamos ou que cheiram bem ou que consideramos "adequadas", mas também para as violentas e confusas – para pessoas de todos os aspectos, tamanhos e cores, para pessoas que falam diferentes línguas, que têm diferentes pontos de vista. Firmar o segundo compromisso significa dar uma festa diversificada em nossa sala de estar, o dia todo, todos os dias, até o fim dos tempos.

Inicialmente, a maioria das pessoas está longe de estar preparada para se comprometer com tudo isso – de modo algum estamos prontos para saltar para tal desenraizamento sem reservas. Mas se tivermos o anseio de aliviar o sofrimento, o que podemos fazer? Em primeiro lugar, convidar todo mundo e abrir a porta a todos, mas apenas brevemente no início. Só a abrimos pelo tempo que formos capazes e nos permitimos fechá-la quando nos sentirmos muito desconfortáveis. No entanto, nossa aspiração é sempre abrir a porta novamente e mantê-la aberta por mais alguns segundos do que da vez anterior.

Quando praticamos dessa forma, os resultados podem ser surpreendentes. Ao abrir a porta gradativamente, sem tentar fazê-lo de uma só vez, nos acostumamos à sensação instável que nos acomete quando pessoas com quem temos certa dificuldade de lidar começam a chegar à festa. Em vez de pensar, *eu tenho que abrir completamente a porta* ou *não estou fazendo as coisas do jeito certo*, iniciamos com a forte intenção de continuar abrindo a porta e pouco a pouco chegamos a um reservatório de força interior e coragem que nem sabíamos possuir.

Abrir a porta reflete nossa intenção de retirar nossa armadura, arrancar a máscara, encarar nossos medos. Só podemos realmente ajudar os outros à medida que estivermos dispostos a encarar nossos próprios sentimentos. Portanto, firmamos o compromisso de que, pelo resto da vida, treinaremos para nos libertarmos da tirania de nossa própria reatividade, dos nossos mecanismos de sobrevivência, da propensão a sermos fisgados.

Não significa que esses sentimentos nunca mais serão experimentados. A inquietude essencial continuará a surgir repetidamente, mas, quando isso acontecer, nossa reação a ela não será exagerada, não deixaremos que governe nossa vida. Certa vez perguntei a Dzigar Kongtrül sobre isso e ele disse: "Sim, ainda tenho esses sentimentos, mas eles não me pegam." Tudo indica que ele já não teme o medo.

Esses sentimentos rudimentares podem até nos inspirar a agir. Quando um entrevistador perguntou ao Dalai Lama se ele tinha algum remorso, ele respondeu que sim: sentia-se responsável pela morte de um monge idoso que o procurara em busca de orientação. Quando o entrevistador perguntou como ele lidara com esse sentimento de remorso, como se livrara disso, Sua Santidade retrucou: "Não me livrei dele. Ainda está aqui." No entanto, esse sentimento já não o puxa para baixo. Motivou-o a continuar trabalhando para beneficiar as pessoas de todos os modos que puder.

O compromisso de cuidar uns dos outros é um voto de despertar, para que possamos ajudar outros seres a despertar. Um voto de despertar para que possamos aliviar o sofrimento no mundo. Um voto de continuar nessa jornada pelo tempo que for preciso, mesmo que seja para sempre. Shantideva captura a essência desse compromisso num verso que, dizem, é o favorito do Dalai Lama.

> E agora, enquanto durar o espaço,
> Enquanto houver seres a serem encontrados,
> Que eu também continue a subsistir
> Para afastar os pesares do mundo.

Devido ao seu vasto alcance, manter o segundo compromisso é missão impossível. Um modo de quebrá-lo é fechando nosso coração e mente a alguém, nem que seja por alguns segundos. Nunca conheci ninguém que conseguisse evitar isso completamente, mas ainda assim nos empenhamos na direção de manter a porta aberta para todos. Outro modo de quebrarmos o voto é nos denegrindo – acreditando que nossos defeitos são intrínsecos e impossíveis de serem removidos e mandando mensagens como: "Sou um caso perdido; nunca irei conseguir". Também quebramos o voto quando difamamos outros, criticando sua cultura, costumes, tradições ou crenças. Preconceito e intolerância de qualquer tipo quebram o voto.

Quando quebramos o primeiro compromisso, causando dano por meio de fala ou ação, fica bem claro. Se, por exemplo, matamos, mentimos ou roubamos, não há dúvida de que quebramos o voto. Mas quando se trata do compromisso de cuidar uns dos outros, a quebra do voto não é tão direta. Há uma parábola budista que ilustra esse ponto. Um capitão do mar, conhecido como Capitão Coragem, conduzia seu navio levando quinhentos homens quando um pirata embarcou e ameaçou matar todos. O capitão deu-se conta de que, se o pirata levasse a cabo seu plano, ele não apenas mataria todos os passageiros, como também plantaria as sementes do seu próprio sofrimento intenso; portanto, por compaixão pelo pirata assim como para salvar os quinhentos homens, o capitão matou o pirata. Ao matar um para salvar muitos, o Capitão Coragem estava disposto a arcar com as consequências de seus atos, fossem quais fossem, para evitar o sofrimentos de outros. É por isso que o segundo compromisso requer coragem – a coragem de fazer qualquer coisa que acharmos que irá trazer o maior benefício, a coragem para encarar o fato de que nunca saberemos com certeza o que realmente irá beneficiar e o que, de fato, só piorará as coisas.

Poucos de nós se confrontarão com uma situação difícil como a do Capitão Coragem, é claro, mas podemos facilmente nos encontrarmos em situações em que tentamos racionalizar nosso comportamento questionável com justificações perfeitamente plausíveis. O grau de autoengano que podemos alcançar é impressionante, mas é aí que os compromissos são um grande apoio. Eles nos ajudam a reconhecer nosso estado mental e nos salvam de uma escorregada.

Nós não nos graduamos de um compromisso para o outro. O compromisso de não causar dano fica ali como alicerce para o compromisso de cuidar uns dos outros. O treinamento de não agir nem falar de modo a aumentar o sofrimento, o treinamento de reconhecer nossos acionadores e aceitar o desconforto é essencial, se quisermos seguir em frente. O compromisso de não causar dano nos ajuda a atravessar o autoengano e a fazer amizade com nós mesmos, uma amizade que se aprofunda quando começamos a nos olhar mais de perto e deixamos de lado os hábitos que nos fazem continuar a sofrer. O compromisso do guerreiro repousa nessa base de honestidade consigo mesmo. Quando encontramos nosso momento crítico, quando a vida desencadeia nossas reações habituais, treinamos para pegá-los, sabendo que, se falarmos ou agirmos de acordo com o *shenpa*, não conseguiremos responder adequadamente e nem dar apoio a outros.

Felizmente, quando quebramos o compromisso de cuidar uns dos outros, é fácil corrigir. Começamos pelo reconhecimento de que o quebramos, que endurecemos o coração e fechamos a mente, que deixamos alguém do lado de fora. Depois podemos refazer nosso voto. Na mesma hora – ou como prática diária – podemos reafirmar nossa intenção de manter a porta aberta para todos os seres sencientes pelo resto da vida. Esse é o treinamento do guerreiro espiritual, o treinamento para cultivar coragem e empatia, o treinamento para cultivar o amor. Seria impossível contar o número de seres no mundo que estão mal, mas ainda assim aspiramos a não desistir de nenhum deles e a fazer todo o possível para aliviar sua dor.

Desnecessário dizer que provavelmente não faremos isso com perfeição. Certa vez tive a experiência de estar quieta na cama, lendo Shantideva e chorando, emocionada por ser tão amorosa e piedosa. Então, alguém entrou porta adentro e eu gritei com a pessoa por me ter interrompido.

Experiências desse tipo são definitivamente humilhantes. Ou elas nos levam a nos desdobrarmos em autocrítica ou nos inspiram a renovar nossa intenção de estar disponível aos outros, não importa o que eles desencadearem. Bem ali, quando extrapolamos, podemos fazer a prática dos três passos. Podemos usar isso para capturar a centelha da irritação, da impaciência ou da decepção, antes que exploda em chamas de raiva. Essa prática nos permite olhar para o que está acontecendo em volta de nós, enquanto estamos simultaneamente atentos ao que está acontecendo em nosso interior. Para rever os passos:

Primeiramente, venha para o presente. Foque no que está acontecendo com você agora mesmo. Fique totalmente consciente do seu corpo, de sua qualidade energética. Fique atento aos seus pensamentos e emoções.

Em seguida, sinta seu coração, literalmente pondo a mão no peito, se achar que ajuda. Esse é um modo de aceitar a si mesmo bem como está no momento, um modo de dizer: “Essa é minha experiência atual e tudo bem”.

Depois vá para momento seguinte sem nenhum planejamento.

Essa prática pode abrir-nos para os outros nos momentos em que tendemos a nos fechar. Ela nos oferece um modo de ficarmos despertos, em vez de adormecidos, um modo de olhar para fora, em vez de recuar. Por exemplo, muitas vezes vamos para uma reunião tão preocupados com o que vamos dizer que desligamos das outras pessoas, não escutando o que elas dizem nem captando as pistas sobre como estão se sentindo. Mas se, antes de entrarmos, conseguirmos nos assentar fazendo a prática dos três passos, reunindo corpo e mente bem onde estamos, poderemos entrar na reunião com mente aberta, com uma atitude inquiridora de "vejamos como isso vai se desenrolar", em vez de ficarmos fixados em alcançar um resultado específico. Nós nos preparamos, conhecemos nosso assunto e depois damos o salto. Foi assim que me ensinaram a lecionar. Eu leio, tomo notas, decido o que quero dizer. Depois entro na sala e falo sem nenhum suporte.

Muitos anos atrás, um dos monges de Gampo Abbey me apresentou à prática de dizer para mim mesma ao acordar: "O que será que vai acontecer hoje?". Esse é o espírito de dar um salto.

Ao continuarmos com essa prática, seja como uma meditação formal ou ali, no ato, durante o dia, nos tornamos cada vez mais habilidosos para perceber quando ficamos ativados. Assim, ficamos no presente – "sincronizando corpo e mente", como diz Chögyam Trungpa – então largamos o enredo e nos abrimos para a pessoa ou situação ao alcance. Esse é o alicerce para cuidarmos uns dos outros, para nos estendermos a outros com gentileza e compaixão. Essa é a prática de afirmar nossa combatividade, em vez de sermos arrastados pelos pensamentos e emoções.

De fato, há uma discrepância entre a abrangência do segundo compromisso e a realidade de que temos, sem dúvida, dificuldade de gostar de algumas pessoas. Patrão, colega de trabalho, cônjuge, companheiro de residência, mãe, pai, filho – quem são as pessoas que você realmente desgosta e que gostaria que simplesmente sumissem? Quem está na sua lista? Seja agradecido a elas: são seus gurus especiais, que aparecem bem na hora para mantê-lo honesto. São as causadoras de problemas na sua vida que o fazem ver que você está fechado, que se blindou, enfiou a cabeça na areia. Se você não se irritasse com elas, se não ficasse cheio delas, nunca seria capaz de cultivar a paciência. Se você não as invejasse, se não tivesse ciúmes delas, nunca pensaria em ir além da sua energia medíocre na tentativa de se regozijar com a boa sorte delas. Se você nunca encontrou seu companheiro ou companheira, poderia achar que era melhor que todo mundo e arrogantemente criticar o comportamento neurótico de todos, em vez de fazer algo sobre o seu.

Quando firmamos esse compromisso, iniciamos um treinamento contínuo de amorosa gentileza e compaixão. Um modo de fazer isso é ficar sempre nos perguntando: De que modo posso servir? Podemos fazer disso uma prática diária. No entanto, sempre descobriremos que não temos realmente certeza do que irá ajudar e não ferir. Contudo, o guerreiro aprende muito com os fracassos. É provável que se aprenda mais com os erros do que com os sucessos. Precisamos reconhecer quando algo não funciona e – isso é importante – não levar para o lado pessoal. Ao invés, podemos seguir a sugestão de Chögyam Trungpa: *viva sua vida como um experimento*. Adote a atitude de "Não tenho certeza do que irá ajudar nessa situação, mas vou experimentar e tentar isso." Às vezes o resultado será: "Nossa, mas será que *isso* alguma vez não funcionou?" E, se for assim, aprendemos alguma coisa. E agora podemos tentar outro lance.

Em nossos esforços para manter esse compromisso, dar um tempo para nós mesmos ajuda, assim como lembrar-se da enormidade que ele representa – o período de tempo, que de tão longo é inimaginável, e o número de pessoas a que fazemos voto de ajudar, que é infinito: não apenas pessoas de quem sentimos pena, mas todos os seres de todos os lugares, sem exceção. Se as vemos na rua, se lemos sobre elas no noticiário, se nossos amigos nos falam delas – se chegarem à nossa consciência de qualquer maneira – elas são candidatas à nossa gentileza amorosa e compaixão. É um encargo sem fronteiras, sem limites, e estamos sempre ocupados com o treinamento prático.

A aspiração do guerreiro é nunca fechar o expediente, nem mesmo quando um relacionamento pessoal fracassa. Isso não quer dizer que não haverá dor envolvida. O fim de um relacionamento íntimo nos joga bem no meio da incerteza essencial – e isso definitivamente fere. Encontramos nosso limite; nos descobrimos fisgados por comportamentos que supúnhamos ter superado há anos. Às vezes, só pensar na pessoa faz com que nos fechemos. Mas muitas vezes é um relacionamento aparentemente insolúvel que mais nos ensina, uma vez que estejamos dispostos a sermos vulneráveis e honestos, uma vez que estejamos dispostos a conectar com o que Chögyam Trungpa chama de "o genuíno centro da tristeza". Como guerreiros em treinamento, fazemos o melhor possível para manter a pessoa no coração, sem hipocrisia. Uma coisa que podemos fazer com um relacionamento difícil é colocar uma fotografia da pessoa em algum lugar que veremos com frequência e pensar: *Eu lhe desejo o mais profundo bem-estar*. Ou podemos escrever o nome da pessoa, juntamente com a aspiração de que esteja segura, feliz e que possa viver em paz.

Não importa a iniciativa específica que tomamos, nossa aspiração é beneficiar a outra pessoa e desejar-lhe o bem. Essa aspiração repousa numa confiança crescente na bondade básica, a nossa e a alheia. Baseia-se em nossa disposição de largar as camadas protetoras e tentar enxergar a outra pessoa, desprovidos dos rótulos e ideias fixas. Tentamos nos desprender do enredo sobre como a pessoa nos prejudicou, sobre como tem a culpa. Ainda pode restar a crueza dos nossos sentimentos, nossa aversão pela pessoa e pela situação, mas, apesar do que aconteceu, apesar de quem fez o que para quem, fazemos qualquer coisa possível para dissolver nossa negatividade. Isso não significa necessariamente voltar a ficar juntos – geralmente significa ficar afastados – mas podemos enviar uma energia de perdão e carinho para a pessoa. Creia-me, isso é muito melhor do que ficarmos nos envenenando com a amargura.

A tarefa é inconcebível: salvar a todos, em todos os lugares, das profundidades infinitas do sofrimento. Não apenas da fome, da falta de agasalho ou abrigo, dos abusos sofridos, da negligência, da tortura ou do assassinato. Nós também dedicamos a vida a salvar a nós mesmos e aos outros das verdadeiras causas do sofrimento: nossa tendência a causar dano e ser agressivos, nossa incapacidade de reconhecer nossos acionadores ou enxergar nossos preconceitos, nossa propensão pré-existente a nos perturbarmos e depois pormos toda a culpa nos outros.

Com o compromisso do guerreiro, gradativamente nos tornamos um veículo que liga as pessoas às suas mentes livres, à sua bondade intrínseca, de modo que elas também possam começar a abraçar o desenraizamento de ser humano como fonte de inspiração e alegria. Nosso desejo é que todos os seres, inclusive nós mesmos, vivam destemidamente com a incerteza e a mudança. A compaixão e bondade exigidas para isso não têm limite, mas começamos com o que tivermos no momento e passamos a construir daí.

O compromisso do guerreiro envolve a compreensão de que não há nada de estático nos seres humanos. Geralmente, tentamos com todas as forças manter nossas ideias fixas sobre as pessoas: minha irmã egocêntrica, irracional; meu colega animado, otimista; meu pai mesquinho, tenso. E eu? Sou gordo demais, um fracassado, nunca consigo fazer as coisas direito; sou muito mais esperto que os outros, ou estou em melhor forma; sou capaz e bem sucedido; não fui feito para ser mediador; não sou boa mãe e uma esposa pior ainda. Na verdade, porém, não podemos ter um único rótulo que cole. Nunca podemos concluir definitivamente como alguém é, pois os dados estão sempre mudando. As informações nunca estão completas.

Esse compromisso desafia-nos a questionar nossa mentalidade convencional, a questionar a realidade como geralmente a supomos. Cada um de nós vive numa realidade que assume ser a real. Insistimos que é assim e pronto. Fim da história. Mas será que até a realidade consensual que compartilhamos como seres humanos não é apenas uma projeção das nossas percepções sensoriais? Os animais não têm as mesmas percepções que nós, não compartilham a mesma realidade. Então qual é a realidade "real"? É a nossa? É a de um cachorro? De um pássaro? De uma mosca? A resposta é: não há uma realidade "real". Realidade é qualquer ponto em que nos encontramos no momento, e não é tão sólida, tão certa quanto pensamos.

Um dos astronautas que foi à Lua, mais tarde descreveu sua experiência ao olhar para a Terra daquela perspectiva. Segundo ele, a Terra parecia tão pequena. Apenas uma esfera solitária pendurada no espaço. Perceber que tínhamos dividido o mundo arbitrariamente em países aos quais somos ferozmente apegados, com fronteiras que protegemos com guerras incessantes muito o entristeceu. Ele se deu conta de que isso simplesmente não faz sentido. Possuímos essa única Terra com pessoas para cuidar dela e agimos feito uns loucos.

O Cacique Seattle teve esse mesmo *insight* há mais de cem anos:

> Somos todos filhos do Grande Espírito. Pertencemos à Mãe Terra. Nosso planeta está com um grande problema e, se continuarmos a guardar antigos rancores e não trabalharmos juntos, vamos todos morrer.

O modo como rotulamos as coisas é o modo como se mostrarão para nós. Quando rotulamos um pedaço de terra de *China* ou *Brasil* ou *Estados Unidos*, ele assume uma identidade carregada de uma pesada bagagem emocional. Quando rotulamos algo de *bom*, é visto como bom. Quando rotulamos algo de *mau*, é visto como mau. Ficamos tão obcecados com gostar e desgostar, com quem está certo e quem está errado, como se esses rótulos fossem fundamentalmente reais. Contudo, a experiência humana é a de não ter nada a que se segurar com firmeza, nada que seja estabelecido de uma vez por todas. A realidade está sempre se desfazendo. Nessa situação fugaz, a única coisa que faz sentido é estender a mão uns para os outros.

Conforme nos movemos na direção de enxergar mais espaço em torno de nossas ideias fixas, de nosso limitado senso de eu, em torno de nossas noções de certo e errado, dos rótulos de que somos tão investidos, a rachadura em nosso modo convencional de experimentar a vida vai aumentar cada vez mais. Nesse ponto, podemos começar a entender que, se quisermos mudar o filme da nossa vida, teremos que mudar nossa mente.

Ed Brown, o *chef* zen, conta-nos uma história sobre seus primeiros tempos com seu professor, Suzuki Roshi. Ed era chefe de cozinha no Tassajara Zen Mountain Center, na Califórnia, na década de 1960, e era famoso pelo temperamento volátil. Certa vez, num ataque de fúria, ele foi ao professor e reclamou do estado da cozinha: as pessoas não faziam a limpeza direito; as pessoas falavam demais; as pessoas eram distraídas e precipitadas. Era um caos no cotidiano. A resposta de Suzuki Roshi foi simples: "Ed, se você quiser uma cozinha calma, acalme sua mente".

Se sua mente for vasta e irrestrita, você se encontrará num mundo mais complacente, num lugar infinitamente interessante e animado. Essa qualidade não é inerente ao lugar, mas ao seu estado mental. O guerreiro anseia por comunicar que todos nós temos acesso à nossa bondade básica e que a autêntica liberdade vem de irmos além dos rótulos e projeções, além das ideias tendenciosas e dos preconceitos, e de tomarmos conta uns dos outros.

7

Inspirar a dor, expirar o alívio

Em 11 de setembro de 2001, o chão se abriu para milhões de pessoas. Quando os dois aviões se chocaram nas Torres Gêmeas do World Trade Center, a vida como conhecida por muitos de nós mudou para sempre. Houve uma experiência de desenraizamento na sociedade. A verdade da incerteza e da mudança foi bem imediata para os que moravam na cidade de Nova York, para os que moravam nos Estados Unidos e para muitas pessoas pelo mundo todo.

Nos dias que se seguiram, naquele clima difuso de não saber o que estava acontecendo ou o que fazer, grandes grupos reuniram-se em cidades grandes e pequenas por todo o país para fazer uma prática chamada *tonglen*. A instrução era inspirar profundamente a dor e o medo de todos que haviam estado nas torres incendiadas, de todos que haviam pulado para a morte, de todos que estavam nos aviões e de todos os milhões de traumatizados pelo acontecimento. Inspirar também a ira dos sequestradores e dos que haviam planejado o ataque. E depois expirar, enviando alívio a todos eles.

Algumas pessoas enviaram amor e carinho a todos que sofriam. Outras enviaram frescor e um escape do calor causticante das chamas para os que ficaram presos nas torres e nos aviões. Alguns enviaram o destemor. Outros enviaram a aspiração de que ninguém reteria sentimentos de ódio ou raiva. Inspirando, todos fizeram a única coisa que podiam para dar apoio àqueles que não tinham sobrevivido. Expirando, eles encontraram um modo de pôr em prática um profundo anseio de ser útil, o que quer que isso pudesse significar. É claro, milhares de pessoas na cidade de Nova York e em outros lugares imediatamente se ofereceram para ajudar. Na verdade, houve tal acúmulo de voluntários que muitos foram recusados. Mas ninguém foi recusado nas reuniões de *tonglen* e as pessoas que não podiam ajudar de nenhum outro modo reuniram-se a muitas outras cuja intenção era aliviar o sofrimento daqueles que haviam morrido numa dor inimaginável e daqueles que tinham ficado.

Tonglen é uma prática central para guerreiros em treinamento, o instrumento mais eficaz para desenvolver a coragem e incitar nosso senso de unidade com os outros. É uma prática para ficar no meio do rio, nos dá a força para largar a beira.

Tonglen é ensinado de várias formas, mas sua essência é inspirar o que é desagradável e indesejado e expirar – transmitindo – o que é agradável, libertador e prazeroso. Em outras palavras, inspiramos as coisas que geralmente tentamos evitar, como nossa tristeza e raiva, e jogamos para fora as coisas a que geralmente nos apegamos, como nossa felicidade e boa saúde. Inspiramos a dor e transmitimos prazer. Inspiramos desgraça e transmitimos boa reputação. Inspiramos perda e transmitimos ganho. Essa é uma prática extremamente contrária ao habitual, que nos ajuda a superar nosso medo de sofrer e se conecta à compaixão inerente a todos nós.

A palavra *tonglen* é o tibetano para "enviar e receber". Refere-se à nossa disposição de assumir a dor alheia que sabemos que está machucando e estender a essas pessoas qualquer coisa que achemos que irá aliviar sua dor, qualquer coisa que lhes possibilite ficar presentes com os pesares, perdas e decepções da vida.

A prática de *tonglen* desperta nossa empatia natural, nossa capacidade inata de nos colocarmos no lugar do outro. Cuidar das pessoas quando elas estão com medo, tristes, exasperadas ou são arrogantes é um desafio; isso nos confronta com nossa própria dor e medo, com os lugares onde estamos presos. Mas, se conseguirmos conviver com esses sentimentos indesejados, podemos usá-los como meios para compreender a dor e o medo alheio. *Tonglen* nos permite reconhecer onde estamos no momento e, ao mesmo tempo, cultivar um senso de afinidade com os outros. Ao surgirem os sentimentos dolorosos, nós os inspiramos, abrindo-nos ao próprio sofrimento e ao sofrimento de todos que também estejam se sentindo assim. Então enviamos alívio a todos nós.

Esse estilo de *tonglen* foi o mais libertador para mim. Usa a crueza imediata e inquietante do nosso desconforto como elo para o dos outros. Permite que se entenda de um modo experimental, não conceitual, que nosso sofrimento não é original, mas compartilhado por milhões e trilhões de outros seres, tanto animais quanto humanos. Descobrimos que temos câncer e inspiramos o medo, a descrença, a dor de todos os pacientes de câncer e enviamos alívio a todos. Perdemos uma pessoa querida e isso nos conecta a todos que estejam dominados pela dor. Estamos deitados com insônia e isso nos liga a inúmeras outras pessoas que também estão. No ato, inspiramos nossa falta de sono e a falta de sono de outros, inspiramos nossa ansiedade, nossa agitação, todo o mesmo desconforto sentido por outros. No ato, enviamos repouso, paz de espírito, contentamento – até uma visualização de nós todos dormindo profundamente.

Tonglen é uma prática para pensar grande, para tocar em nossa igualdade a todos os seres. Em vez de recuar para dentro de nós mesmos, podemos usar a aspereza, a aridez da condição humana como modo de evocar nossa capacidade natural de amar, cuidar e entender nossa interligação. Com *tonglen*, nossos infortúnios tornam-se um meio de despertar o coração, capacitando-nos a trabalhar dedicadamente por amor aos outros e ao mesmo tempo ser um verdadeiro amigo para nós mesmos.

Tonglen não é uma prática a ser feita apenas na almofada de meditação. É especialmente útil bem em meio a nossa vida, onde quer que estejamos no dia a dia. Talvez se receba uma carta ou *e-mail* de um amigo que esteja passando por dificuldades, que esteja deprimido, que esteja de luto por uma perda. Bem ali, você pode começar a inspirar a dor do seu amigo, ligando-se a sua tristeza ou desespero e desejando o fim de seu sofrimento. Depois, ao expirar, pode enviar-lhe alívio – alegria, carinho, paz de espírito ou qualquer coisa que pareça adequada.

Talvez você esteja na rua e veja alguém maltratando um cachorro, batendo nele, gritando ou dando puxões na guia. Você pode inspirar a suposta dor que o cão está sentindo e depois enviar alívio. Pode ser o desejo para que o cão experimente bondade e segurança, até um bom osso suculento. Você também pode inspirar o que o agressor deve estar sentindo – a ira e confusão que o faz agir de modo tão cruel. Inspire a raiva da pessoa e ao expirar, envie-lhe qualquer coisa que possa suavizar seu coração. Pode ser a sensação de ser amado, de se sentir bem consigo mesmo, a sensação de ter mais espaço na mente e mais ternura no coração.

Tonglen é especialmente útil quando entramos em conflito com alguém e sentimos dor e confusão surgindo. Digamos que você entre num cômodo e alguém o olha de um modo ou diz algo que o desagrada. Comumente, você pode se fechar, ficar confuso, obcecado para se vingar, ou qualquer coisa que costuma fazer para escapar quando não quer lidar com sentimentos dolorosos. Com *tonglen*, no entanto, você pode trabalhar com as emoções bem no ato. Talvez esteja sentindo medo. Abra-se totalmente a ele – ao seu cheiro, textura, tensão física – e inspire tudo. Enquanto inspira o medo, abra-se para incluir todo mundo, em todos os lugares, que esteja com medo. Você pode até ir além do próprio limite e incluir a pessoa que desencadeou seu medo, desejando que ela se liberte do sofrimento. Depois, ao expirar, você envia a aspiração de que todos os seres que estejam sentindo medo, inclusive você, se libertem desse sentimento.

Bem no ato, você possui seus sentimentos completamente. Em vez de afastar as emoções, fica em total contato com elas. Isso não é o mesmo que estar ensimesmado, preso à sua própria aflição apenas. Longe disso. *Tonglen* põe-nos em contato com todos os outros que são bem como nós, que sentem do modo que sentimos. Todos nós experimentamos prazer e dor. Todos gravitamos para o que é confortável e temos aversão pelo que não é.

Muitas vezes me perguntam: "Mas como vou saber que as outras pessoas estão sentindo o mesmo que eu?" Acho que se pode dizer com segurança que não há quase nada que sintamos que milhões de outras pessoas também não sintam – ou que não tenham sentido em algum momento. Nossos enredos são diferentes mas, quando se trata de prazer e dor e nossa reação a eles, as pessoas de todos os lugares são iguais.

Tonglen vai contra a corrente de como costumamos lidar com o mundo: querendo a vida em nossos próprios termos, querendo que as coisas se resolvam para nosso benefício, não importa o que aconteça aos outros. A prática começa pela derrubada das paredes que construímos a nossa volta, começa por nos libertarmos da prisão do eu. Conforme esse escudo protetor começa a desfazer-se, nós naturalmente sentimos o desejo de estender a mão. As pessoas precisam de ajuda e nós podemos dar – tanto literalmente quanto em nível de aspirar seu bem-estar.

Tonglen reverte a lógica usual de evitar o sofrimento e buscar o prazer. Se podemos nos abrir para a própria dor, podemos nos abrir para a dor alheia. Se podemos ficar presentes com a própria dor, podemos perseverar com alguém que esteja nos provocando. Passamos a ver a dor como algo que pode nos transformar, não como algo de que escapar a todo custo. À medida que continuamos a praticar *tonglen*, nossa compaixão está destinada a aumentar. Descobriremos que somos cada vez mais capazes de estar disponíveis para os outros, mesmo em situações que antes pareciam impossíveis.

É claro que haverá momentos em que simplesmente não poderemos fazer a prática. Pode ser que, ao sermos confrontados com o sofrimento, nosso ou alheio, não consigamos encará-lo, então ficamos entorpecidos. Ou talvez o problema não seja contatar a dor, mas não conseguir enviar alívio. A situação pode parecer tão devastadora que não conseguimos pensar em nenhuma forma de alívio que faria alguma diferença no que estamos testemunhando ou sentindo. Mas seja qual for a razão que não nos permite praticar *tonglen*, não é motivo para autocrítica ou desespero. A vida está cheia de oportunidades para novas tentativas.

Resistência de qualquer tipo indica a importância de levar um senso de amplitude a essa prática. Um modo de fazer isso é imaginar que você está inspirando para um espaço tão vasto quanto o firmamento. Se você sentir o corpo como ilimitado, transparente e grande o suficiente para acomodar qualquer quantia de sofrimento, poderá inspirar, sabendo que não há lugar algum onde a dor possa se prender. Depois, ao expirar, você pode enviar o mesmo sentimento de abertura e liberdade, o sentimento de que há muito espaço, espaço ilimitado, espaço suficiente para acomodar qualquer coisa – infelicidade, deleite, toda a gama de emoções humanas.

Como prática de meditação formal, *tonglen* tem quatro estágios:

O primeiro estágio é uma pausa, um instante de quietude e espaço, uma breve lacuna. Se for necessária uma imagem para isso, pense em qualquer experiência num espaço amplo, como olhar para o oceano ou para um céu sem nuvens.

O segundo estágio é uma visualização que trabalha com textura. Ao inspirar, inale uma energia quente, pesada, densa – uma sensação de claustrofobia. Inspire completamente, com todos os poros do corpo. Depois, ao expirar, exale uma sensação de frescor, de energia fria, luminosa, radiante. Irradie-a para fora em 360 graus. Continue por alguns minutos ou até que a imagem se sincronize com a inspiração e expiração.

O terceiro estágio envolve inspirar uma situação dolorosa específica, abrindo-nos para ela o mais possível, depois expirando vastidão e alívio. Tradicionalmente, iniciamos a *tonglen* para uma pessoa ou animal que desejamos ajudar, mas também podemos iniciar com nossa experiência pessoal no momento – um sentimento de desesperança ou raiva, por exemplo – e usar isso como meio de ligação com os sentimentos dolorosos dos outros.

No quarto estágio, levamos *tonglen* mais adiante. Se estivermos direcionando-a a um amigo com AIDS, nós a estendemos a todos que tenham AIDS. Se a direcionamos a uma irmã alcoólatra, nós a estendemos a todos os alcoólatras, a todos que sofrem por causa de vícios. Se já estivermos praticando *tonglen* para todos que experimentam a mesma dor que nós, podemos estendê-la para todos, em todo o mundo, que estejam sofrendo desse modo, mental e fisicamente. E podemos estendê-la ainda mais para incluir todos que estejam presos em si mesmos, todos que estejam atormentados pela mente fixa e nossa incapacidade de largar a esperança e o medo.

Como norma geral, iniciamos a prática de *tonglen* com uma situação que seja imediata e real, não algo vago e impessoal. Depois a estendemos para incluir cada vez mais seres que estejam sofrendo de modo semelhante, assim como todos nós que sofremos de apego ao ego, que sofremos por resistirmos à incerteza e impermanência.

Se já nos aconteceu de ter qualquer vislumbre do que é a ausência do ego, do que é estar desperto, do que é a liberdade, iríamos querer isso para os outros também. Ao percebermos que as pessoas foram fisgadas, em vez de sermos críticos, de ficar julgando, podemos ter empatia pelo que estão passando – já estivemos lá e sabemos exatamente como se sentem. O que desejamos para as outras pessoas é o mesmo que desejamos para nós mesmos: nos apreciarmos, reconhecermos quando somos fisgados e nos desembaraçarmos desses sentimentos, pararmos de reforçar os padrões disfuncionais que prolongam nosso sofrimento, estendermos a mão aos outros, experimentarmos a bondade de sermos humanos.

Quer se faça *tonglen* como prática formal ou no ato, leva tempo para se acostumar? Sim, leva. É necessário se acostumar à crueza da dor? É necessário paciência e gentileza? Sim. Não há necessidade de ficar desencorajado, quando a prática parecer difícil demais. Permita-se sossegar nela lentamente, no seu ritmo, a princípio trabalhando com situações que sejam fáceis para você no momento. Sempre me lembro do que Chögyam Trungpa dizia, quando eu estava perdendo a confiança e queria desistir. Ele se sentava ereto, abria um sorriso largo e proclamava: "Você consegue!" Por algum motivo, sua confiança era contagiante e, ao ouvir essas palavras, eu sabia que conseguiria.

Certa vez li um poema sobre a prática de *tonglen* em época de guerra. A imagem era de inspirar bombas caindo, violência, desespero, perda de pernas, ida para casa com o rosto queimado, desfigurado e depois espiar a beleza da terra e do céu, a bondade das pessoas, segurança e paz. Nesse mesmo espírito, podemos inspirar ódio e ciúmes, inveja e vício – todo o pesar do drama humano – usando nossa experiência pessoal dessa dor e estendendo *tonglen* a todos os outros presos da mesma forma. Depois podemos expirar flexibilidade, despreocupação, ausência de agressividade, força – qualquer coisa que se sinta que irá levar conforto, ânimo e alívio. A dor do mundo penetra-nos até o coração, mas nunca nos esquecemos da bondade de estarmos vivos.

Certa vez Chögyam Trungpa disse: "O problema da maioria das pessoas é que elas estão sempre tentando pôr para fora o mau e captar o bom. Esse tem sido o problema da sociedade em geral e do mundo como um todo." Chegou a hora de tentarmos a abordagem oposta: captar o mau e pôr para fora o bom. A compaixão não é uma questão de pena ou do forte ajudar o fraco: é uma relação entre iguais, de apoio mútuo. Praticando *tonglen*, passamos a perceber que o bem-estar dos outros é tão importante quanto o nosso. Ao ajudá-los, ajudamos a nós mesmos. Ao ajudar a nós mesmos, ajudamos o mundo.

8

O catalisador da compaixão

ALGUÉM ME ENVIOU um poema que parece capturar a essência do compromisso do guerreiro – empatia por outros seres. Chamado de *Birdfoot's Grampa*, o poema é sobre um garoto e seu avô que viajam de carro por uma estrada rural sob um temporal. O avô está sempre parando o carro e saindo para recolher mancheias de sapos que se espalham pela estrada e colocá-los em segurança na beira da estrada. Após a vigésima quarta vez que ele faz isso, o garoto perde a paciência e diz ao avô: "O senhor não vai conseguir salvar todos/ aceite, volte aqui/ temos lugares aonde ir." E o avô, com capim alto até os joelhos, as mãos cheias de sapos, apenas sorri para o neto e diz: "Eles também têm lugares aonde ir."

Que clara ilustração de como funciona esse compromisso! O avô não se importou de parar pela vigésima quarta vez, não se importou de se molhar para salvar os sapos. Também não se importou com a impaciência do neto, pois tinha bem claro em sua mente que os sapos tinham tanto desejo de viver quanto ele.

A aspiração do segundo compromisso – cuidar de todos os seres em todos os lugares – é imensa. Mas, se estivermos firmando esse compromisso pela primeira vez ou renovando-o pela enésima vez, igualmente começamos por onde estamos agora. Ou estamos mais próximos do avô ou do neto, mas, seja onde for, é aí que começamos.

Dizem que, ao firmarmos esse compromisso, ele planta uma semente no fundo de nosso inconsciente, no fundo de nossa mente e coração, que nunca mais vai embora. Essa semente é um catalisador que dá a partida em nossa capacidade inerente de amor e compaixão, de empatia, de ver a igualdade de todos nós. Assim, firmamos o compromisso, plantamos a semente e então fazemos o possível para nunca endurecer o coração nem fechar a mente para ninguém.

É claro que não é fácil manter esse voto. Mas, cada vez que o quebramos, o importante é reconhecer que fechamos alguém lá fora, que nos distanciamos de alguém, que transformamos alguém no Outro, naquele que fica do outro lado da cerca. Muitas vezes, ficamos tão cheios de indignação, tão empolgados, que nem sequer percebemos que fomos acionados. Mas, se tivermos sorte, nos daremos conta do que aconteceu – ou nos será apontado – e reconheceremos intimamente o que fizemos. Então, simplesmente renovamos nosso compromisso de ficarmos abertos aos outros, aspirando a um recomeço.

Algumas pessoas gostam de ler ou recitar versos inspiradores, como parte da renovação de seu compromisso. Um poema que podemos usar é o de Shantideva, tradicionalmente repetido para reafirmar a intenção de beneficiar os outros:

Assim como os despertos do passado
Incitaram a mente a despertar
E em benefício dos seres
Progressivamente se consolidaram
Nas práticas do Bodhisattva, eu também

Incitarei a mente a despertar
E progressivamente treinarei essas práticas.

Repetimos essas palavras ou algo similar para renovar nosso compromisso; depois, o momento é outro e seguimos adiante. Tropeçaremos de novo e recomeçaremos outra vez, repetidamente, mas, desde que a semente tenha sido plantada, estaremos sempre nos movendo em direção a estar cada vez mais abertos aos outros, cada vez mais piedosos e atenciosos.

O compromisso de cuidar uns dos outros, o compromisso do guerreiro, não tem a ver com ser perfeito. Tem a ver com continuamente alimentar nosso inconsciente com algo virtuoso, com continuamente plantar sementes que predisponham nosso coração a se expandir de modo ilimitado, que nos predisponham a despertar. Cada vez que reconhecemos que quebramos esse compromisso, em vez de nos criticarmos, em vez de nos denegrirmos e plantarmos sementes de autorreprovação – ou sementes de indignação, ira, ou quaisquer que sejam as outras frustrações que descarregamos nos outros – podemos plantar sementes de força, de autoconfiança, de amor e compaixão. Estamos plantando sementes para ficarmos cada vez mais parecidos com aquele avô e com as muitas outras pessoas que conhecemos – ou de quem ouvimos falar – que parecem felizes em arriscar sua vida por amor ao próximo.

Quando se sentir mal consigo mesmo por causa de seu coração rígido e implacável, pode se consolar com Shantideva. Ele conta que, quando fez o voto de salvar todos os seres sencientes, foi uma "loucura evidente", pois, mesmo que estivesse inconsciente na época, ele estava "sujeito às mesmas aflições" que os outros – estava tão confuso quanto qualquer um.

Nossa confusão é a confusão que todo mundo sente. Portanto, quando você sentir que estragou tudo de todas as maneiras possíveis, que quebrou o compromisso de modo irremediável, Shantideva sugere que, em vez de se atolar na culpa, você veja isso como um incentivo para passar o resto da vida reconhecendo suas tendências habituais e fazendo o máximo para não fortalecê-las.

Firmar o compromisso do guerreiro é como estar num barco indo a pique e fazer o voto de ajudar todos os outros passageiros a sair antes de nós. Alguns anos atrás, vi um perfeito exemplo disso, quando um avião de uma companhia americana desceu no rio Hudson, em Nova York. Pouco depois de decolar do aeroporto La Guardia, pássaros enroscaram-se nos motores e o piloto não teve escolha, senão aterrissar no rio. O pouso foi tão hábil que todas as 155 pessoas a bordo sobreviveram. Ainda consigo visualizá-las de pé sobre as asas até serem resgatadas por uma flotilha de pequenos barcos que se apressaram para o local. A história é que o piloto ficou no avião até todos terem se retirado em segurança, depois fez uma segunda busca lá dentro, para ter certeza de que ninguém ficara. Esse é o tipo de modelo que personifica o compromisso do guerreiro.

Por outro lado, também ouvi outras histórias de pessoas que estavam em situação semelhante, mas correram para a segurança, sem sequer pensar nos outros. Elas sempre falam sobre como se sentiram mal em retrospecto. Uma mulher me contou sobre um acidente de avião ocorrido há muitos anos. Mandaram os passageiros sair imediatamente, pois era provável que o avião iria explodir. A mulher correu para a saída, sem parar para ajudar ninguém, nem mesmo um senhor idoso que se esforçava para abrir o cinto de segurança, sem conseguir se soltar. Mais tarde, o fato de não ter parado para ajudá-lo pesou muito em sua consciência e isso a tem inspirado a estender a mão aos outros o máximo que pode, sempre que tem a oportunidade.

Shantideva diz que o único modo de quebrar esse voto completamente é desistindo de querer ajudar os outros, não se importando se os estamos prejudicando, porque só queremos ter certeza de que o Número Um esteja salvo e seguro. Ficamos encrencados apenas quando nos fechamos e não damos a mínima – quando ficamos muito céticos, deprimidos ou tão cheios de dúvidas que nem sequer nos importamos.

No âmago de firmarmos esse compromisso está o treinamento de não temer a tensão fundamental, a inquietude essencial, quando surge em nós. Nosso desafio é treinar para sorrir para o desenraizamento, sorrir para o medo. Passei anos treinando isso, porque tenho ataques de pânico. Como qualquer um que tenha tido um ataque de pânico sabe, essa sensação de pavor pode surgir do nada. No meu caso, geralmente acontece no meio da noite, quando fico especialmente vulnerável. Mas, com o passar dos anos, treinei para relaxar com essa sensação de ficar com coração e mente imobilizados. Minha primeira reação sempre é a de ficar sem fôlego de medo. No entanto, Chögyam Trungpa ficava assim, sem fôlego, quando descrevia como reconhecer uma mente desperta. Então, agora, sempre que sou atacada pelo pânico e fico sem fôlego, visualizo a fisionomia de Chögyam Trungpa e penso nele ficando sem fôlego ao falar sobre a mente desperta. Assim, a energia do pânico passa por mim.

Se você resiste a essa energia de pânico, mesmo num nível involuntário, inconsciente, o medo pode durar muito. O modo de trabalhar com isso é largar o enredo e não recuar nem comprar a ideia – "Isso não é legal" – mas sim sorrir para o pânico, sorrir para o buraco apavorante, sem fundo, que se abre na boca do estômago. Quando você consegue sorrir para o medo, ocorre uma mudança: aquilo de que você geralmente tenta escapar torna-se um veículo para despertá-lo para sua bondade essencial, primordial, para despertá-lo para uma clareza mental, para uma dedicação que nada retém.

A imagem do guerreiro é a de uma pessoa que pode entrar no pior dos infernos e não hesitar diante da experiência direta de crueldade e dor inimagináveis. Portanto, este é nosso caminho: mesmo nas mais difíceis situações, fazemos o máximo possível para sorrir para nosso medo, para nossa indignação, nossa covardia, nossa fuga da vulnerabilidade.

Tradicionalmente, há três modos de entrar no caminho do guerreiro, três abordagens para firmar o compromisso de beneficiar os outros. O primeiro chama-se entrar como um monarca – como um rei ou rainha. Isso significa organizar nosso reino e depois, com base nessa força, cuidar dos nossos súditos. A analogia é: *eu trabalho em mim mesmo, organizo minha vida e assim beneficio os outros. Como já não sou acionado, posso ficar presente e não fechar coração e mente.* Nossa motivação é estar cada vez mais disponível para outras pessoas com o decorrer dos anos.

Pais têm um bom treinamento nisso. A maioria das mães e pais aspira a dar uma boa vida a seus filhos – uma vida livre de agressões ou crueldades. No entanto, existe a realidade do quanto as crianças podem ser exasperantes. Existe a realidade de perder a paciência e gritar, a realidade de ficar nervoso, ser irracional, imaturo. Ao vermos a discrepância entre nossas boas intenções e nossos atos, somos motivados a trabalhar nossa mente, nossas reações habituais e nossa impaciência. Somos motivados a melhorar no conhecimento de nossos acionadores e a nos abstermos de agir impulsivamente ou de reprimir. Com contentamento, nós nos trabalhamos para sermos pais mais habilidosos e amorosos.

As pessoas que têm profissões assistenciais também treinam muito para entrarem como um monarca. Talvez você queira trabalhar com adolescentes sem teto porque já foi um. Seu desejo é o de fazer a diferença, nem que seja na vida de uma única pessoa, de modo a fazê-la sentir que pode contar com alguém. Então, em breve você se encontra tão provocado pelo comportamento dos jovens que se perde totalmente e já não consegue mais estar disponível para eles. Nesse ponto, você se volta para a meditação ou para o primeiro compromisso, em busca de apoio para estar presente e aberto a qualquer coisa que se apresentar, inclusive sentimentos de inadequação, incompetência ou vergonha.

A próxima maneira de abordar o compromisso do guerreiro é com a atitude do barqueiro. Atravessamos o rio na companhia de todos os seres sencientes – juntos nos abrimos para nossa verdadeira natureza. Aqui a analogia é: *minha dor se transformará num degrau para compreender a dor alheia.* Ao invés de nosso sofrimento nos tornar mais ensimesmados, torna-se o meio pelo qual genuinamente nos abrimos para o sofrimento alheio.

Diversos sobreviventes de câncer me contaram que essa atitude foi o que lhes deu força para passarem pela infelicidade física e psicológica da quimioterapia. Eles não conseguiam comer nem beber, porque tudo doía muito. Tinham aftas na boca. Estavam desidratados. Sentiam um enjoo imenso. Então receberam instruções para praticar *tonglen.* O mundo deles foi ficando cada vez maior, à medida que se abriram para outras pessoas que experimentavam a mesma dor física que eles, assim como solidão, raiva e outras angústias emocionais que a acompanham. Sua dor tornou-se um degrau para compreender a angústia dos outros que estavam no mesmo barco.

Lembro-me de uma mulher me dizer: "Não podia ficar pior, então não tive nenhum problema de inspirar e dizer: 'Como a dor está aqui de qualquer jeito, que eu a assuma completamente, desejando que ninguém mais precise sentir isso'. E não tive problema de enviar alívio." Não que o enjoo acabe, disse ela. Não que de repente se consiga comer e beber. Mas a prática dá sentido ao nosso sofrimento. A atitude modifica-se. O sentimento de resistência à dor, o sentimento de desamparo e de desesperança somem.

Não há como deixar bonita uma situação pavorosa, mas podemos usar a dor implícita para reconhecer nossa semelhança com as outras pessoas. Shantideva disse que, como todos os seres sencientes sofrem de emoções fortes e conflitantes, se deparam com o que não querem e não conseguem manter o que querem, além de terem aflições físicas, por que faço tanto estardalhaço só por causa de mim? Visto que estamos juntos nessa, por que dou tanta importância a mim mesmo? A atitude do barqueiro é a de que qualquer coisa que geralmente nos puxa para baixo e faz com que nos recolhamos em nós mesmos é o degrau para despertar nossa compaixão e entrar em contato com a vasta mente imparcial do guerreiro.

A terceira atitude é a do pastor e do pastoreio, cujo rebanho sempre vem em primeiro lugar. Esse é o avô com os sapos ou o piloto com o avião indo a pique. É a história dos bombeiros que entram num prédio em chamas ou do pai que arrisca a vida para salvar o filho. O pastor e o pastoreio automaticamente põem os outros à frente de si mesmos.

Quase todo mundo supõe que pôr os outros em primeiro lugar é como nós sempre deveríamos abordar o compromisso do guerreiro. E, se fazemos qualquer coisa a menos, nos criticamos. Porém, um modo de entrar no caminho não é melhor que o outro. Poderíamos dizer que evoluímos em direção à atitude do pastor e do pastoreio, mas é uma evolução natural. As duas outras abordagens não são menos válidas. A importância desse ensinamento é mostrar que as três abordagens são admiráveis, lindas, modos de firmar o compromisso do guerreiro a serem aplaudidos.

De fato, a maioria de nós usa as três abordagens. Deve haver muitos exemplos em sua vida de trabalhar consigo mesmo com a aspiração de estar presente e útil para outras pessoas. E há momentos em que seu pesar o conectou com o pesar de outros, em que sua dor, física ou moral, foi um catalisador para avaliar a situação que o outro está vivendo. Também há momentos em que você pôs o outro na frente espontaneamente.

Frieza de coração e estreiteza mental não são tipos de hábitos que desejamos reforçar. Não vão nos predispor a despertar – de fato, vão manter-nos presos. Portanto, firmamos o compromisso do guerreiro – fazemos o voto de cuidar uns dos outros – depois fazemos o possível para nunca dar as costas a ninguém. E, quando fracassamos, renovamos nosso compromisso e seguimos em frente, sabendo que mesmo os seres despertos do passado entendiam como é ter uma recaída. Caso contrário, como poderiam ter cultivado paciência e clemência, bondade amorosa e compaixão?

O terceiro compromisso
Comprometer-se a abraçar o mundo como ele é

O caos devia ser encarado como uma notícia
extremamente boa.
— Chögyam Trungpa Rinpoche

9

Nenhum lugar onde se esconder

Com o terceiro compromisso, pisamos completamente no desenraizamento, relaxando na natureza continuamente mutável da nossa situação e vivenciando-a como energia desperta, como a manifestação da bondade básica. Em certo sentido, isso não é nada novo. É o que estamos treinando todo o tempo. Experimentalmente, porém, é um grande salto adiante e aponta-nos para a direção de uma grande mudança de consciência. Pegamos o que integramos dos compromissos anteriores, especialmente o estar totalmente presentes com o coração aberto e aumentamos nossa aposta. Aqui a ênfase é no *completamente* e a exigência de colocar o *completamente presente* em prática é muito maior. Isso pressiona o velho hábito ensimesmado de apego ao ego de modo considerável. A sensação de não ter lugar onde se esconder pode ser muito intensa.

Certa vez, depois de passar vários meses dedicando-me o mais continuamente possível a essa prática, reclamei com Chögyam Trungpa que eu sentia como se fosse pular para fora da pele. Até partículas de pó me irritavam e eu estava sempre pronta a ser agressiva com as pessoas. Ele respondeu que isso estava acontecendo porque a prática exigia que eu ficasse lúcida, que eu crescesse e eu ainda não estava acostumada a isso.

O terceiro compromisso, tradicionalmente conhecido como Voto do Samaya, é um comprometimento de abraçar o mundo como ele se apresenta. *Samaya* em tibetano significa "voto sagrado" ou "voto irrevogável". Ele implica uma reunião com a totalidade da nossa experiência, um laço inabalável com a vida. Com esse compromisso, aceitamos que estamos ligados à realidade, ligados a tudo que percebemos a cada instante. Não há como fugir da nossa experiência, nenhum lugar para onde ir que não seja bem aqui onde estamos. Nós nos rendemos à vida. Entregamos os pontos e acomodamo-nos com todas as visões, sons, cheiros, sabores, pensamentos e pessoas que encontramos. Esse é um compromisso de não rejeitar coisa alguma. As palavras do mestre do Budismo tibetano Dilgo Khyentse expressam isso de forma muito bonita:

> A prática diária consiste em simplesmente desenvolver uma completa abertura e aceitação de todas as situações e emoções, e de todas as pessoas, experimentando todas as coisas sem qualquer reserva ou bloqueio mental, de modo que nunca recuemos nem nos centralizemos em nós mesmos.

A atitude do terceiro compromisso é a de que vivemos num mundo intrinsecamente bom, intrinsecamente desperto e nossa senda é perceber isso. Em outras palavras, nesse estágio a prática é voltar-se para sua experiência, inteira, e nunca dar-lhe as costas.

Primeiramente, você continua a viver com os outros compromissos, pratica a plena atenção, sempre retornando para onde se encontra e para o que está vivenciando: pés no chão, joelho doendo, água morna correndo pelas mãos, ar de inverno ferroando os olhos, som de marteladas, cheiro de café.

Depois, acrescente a isso um senso de profunda apreciação por cada um daqueles momentos únicos e preciosos. Você bem gostaria que o operário parasse de martelar – isso está acontecendo o dia inteiro, todos os dias, há um mês, e você já está cheio. Mas vai passar. E, ao olhar para trás um ano depois, terá a impressão de que as marteladas acabaram num piscar de olhos. Ouvir as marteladas é uma experiência passageira, transitória, e cada vez que o martelo bate é um momento único. Você nunca mais ouvirá um som exatamente como esse.

Não importa o quanto você se irrite com o que ouve, cada som é digno de sua atenção. Quando você o ouve com apreço, ele começa a puxá-lo de dentro de você mesmo, puxá-lo de seu pequeno mundo autocentrado, que é sempre apenas sobre Mim. Quando você tem esse tipo de ligação genuína consigo mesmo e com o mundo, talvez comece a encontrar o estado desperto. De repente, você sente como se estivesse numa vasta área ao ar livre com espaço ilimitado para respirar. É como se saísse de uma barraquinha escura, abafada, e se encontrasse na beira do Grand Canyon. Esse é o lugar de simplesmente ser, não um lugar sobrenatural, etéreo. Você não transcendeu os detalhes comuns da sua vida. Pelo contrário. Finalmente conectou-se cem por cento com eles, que se tornaram uma entrada para o que, na tradição Vajrayana, é chamado de mundo sagrado. Sagrado não no sentido de religioso ou santo, mas no sentido de precioso, raro, fugaz, fundamentalmente genuíno e bom.

Alguns versos de Chögyam Trungpa descrevem como é um mundo desses. Ele começa descrevendo a visão como uma entrada para o mundo sagrado:

Qualquer coisa que os olhos veem é vividamente irreal
no vazio, todavia ainda existe a forma.

“Vividamente irreal no vazio” refere-se ao mundo comum, cotidiano, vazio de conceito, livre de rótulos, claramente percebido em toda sua genialidade, mas nunca totalmente compreensível. Depois, o verso continua dizendo “todavia ainda existe a forma”. Vazio e forma são eternamente inseparáveis. O que enxergamos – nossa percepção das visões comuns, sem grande importância – é a forma, a manifestação do vazio, da energia desperta. Desde o instante em que acordamos pela manhã até o instante em que adormecemos – e até em nossos sonhos – há uma manifestação contínua, incessante. Sempre temos a oportunidade de deixar nossa visão nos conectar com a preciosidade desse mundo sagrado.

O vazio não é um vácuo, um espaço nulo onde nada acontece. Toda a questão é que descobrir a bondade básica – descobrir o estado de estar desperto, de ser, do instante presente das coisas – não acontece pela transcendência da realidade comum. Vem da apreciação das experiências simples, livres do enredo. Ao vermos um carro vermelho com uma porta amassada; ao sentirmos calor ou frio, maciez ou dureza; ao saborearmos uma ameixa ou cheirarmos folhas em decomposição, essas experiências simples, diretas são nosso contato com o estado básico de estar desperto, com a bondade básica, com o mundo sagrado. É só tocando totalmente nossa experiência relativa que descobrimos a natureza nova, atemporal, suprema do nosso mundo.

Certa vez, no início da década de 1970, um discípulo levantou-se durante uma palestra e pediu que Chögyam Trungpa lhe contasse o que é iluminação. Sempre me lembro da resposta dele:

"Iluminação é como ouvir uma corneta ou sentir o cheiro de tabaco pela primeira vez." Esse é o ponto de vista por trás do ensinamento relativo ao terceiro compromisso. Se nos escondemos de nossa experiência ou a desprezamos como insignificante, estamos perdendo uma chance de iluminação.

Continuando, o verso diz:

> Qualquer coisa que ouvimos com os ouvidos é o eco
> do vazio, todavia real.

Ouvir, juntamente com nossas outras percepções, também é uma entrada para o mundo sagrado. Qualquer coisa que ouvimos é o eco, o som do vazio, da energia desperta, incompreensível, todavia audível. Também é a "fala clara e distinta do guru" – a voz do professor. Se alguém está falando conosco, mesmo quando não gostamos do que está dizendo, não se trata apenas de uma conversa fiada qualquer vinda de um otário. É a voz do professor, o som do vazio, da energia desperta se manifestando. Se um corvo estiver do lado de fora da nossa janela, perfurando nossos tímpanos com seu grito estridente, esse é o som da energia desperta, a voz do professor nos acordando.

Não há nada que se possa ver ou ouvir que não seja uma manifestação da energia iluminada, que não seja uma entrada para o mundo sagrado. Essa é a visão do terceiro compromisso. É o ponto de vista com que nos comprometemos ao fazer o voto de abraçar o mundo bem como ele é. Fazemos o voto de nos apreciarmos e ao nosso mundo. Fazemos o voto de nos virarmos nessa direção e nunca dar-lhe as costas.

Comumente, estamos sempre projetando nossas preferências sobre tudo que se manifesta. Tudo vem com nossos sentimentos confusos – nossas preferências pessoais, nossa bagagem cultural – assim como com a abundância de *shenpa*. Mas, como disse Chögyam Trungpa: "É como dizer 'mingau'. Algumas pessoas gostam e outras odeiam. No entanto, o mingau continua sendo mingau."

Se olharmos para a neve lá fora no inverno, podemos ver sua cor, como ela cai, como se acumula no chão, nos carros e nos ramos das árvores, como forma montículos de diferentes formas. Podemos ver seus cristais cintilando à luz do sol e o branco azulado de suas sombras. Podemos ver a neve como neve, sem acrescentar nenhum extra. Geralmente, porém, não vemos a neve desse modo. Nossa visão é anuviada por nossas reações emocionais. Gostamos ou não gostamos. Deixa-nos felizes ou tristes. Deixa-nos ansiosos ou irritados, porque será preciso removê-la antes de ir trabalhar e já estamos atrasados.

Mesmo com sentimentos confusos, existem graus de intensidade. Podemos gostar da neve com apego, com *shenpa* ("Eu realmente espero que não pare de nevar, para podermos esquiar no fim de semana"), mas também podemos gostar dela sem apego, sem *shenpa*. Podemos *não* gostar dela com *shenpa*, com indignação ("Como é que foi nevar bem no dia da minha festa?"), mas também podemos *não* gostar dela sem *shenpa*, sem nenhum apego emocional. No entanto, apesar de como nos sentimos em relação à neve, ela ainda é neve – energia desperta manifestando-se, simplesmente como é. É possível vê-la sem um enredo.

Os versos de Chögyam Trungpa continuam a dizer:

> Bons ou maus, alegres ou tristes, todos os pensamentos somem
> no vazio como a impressão deixada por um pássaro no céu.

Qualquer coisa que lhe passe pela cabeça – tramas de vingança, maneiras de sonegar impostos ou planos do que vai fazer quando essa reunião terminar; pensamentos espirituais, agressivos, ansiosos, alegres – qualquer coisa que ocorra é a manifestação do vazio, a manifestação da mente iluminada. O caminho para o bem-estar inabalável consiste em estar completamente presente e aberto a todas as visões, sons, pensamentos – nunca recuando, nunca se escondendo, nunca precisando estimulá-los ou abrandá-los.

Sem dúvida, não é uma ideia fácil de compreender. É por isso que nos dois primeiros compromissos treinamos com os blocos de construção, isto é, abstendo-nos de prejudicar com a fala ou os atos e sem fechar a mente e o coração para ninguém. Precisamos desse treinamento profundo para alcançar o lugar onde tudo se torna a senda do despertar.

Grande parte do treinamento nos dois primeiros compromissos envolve minimizar nossa tendência a rotular e ter ideias preconcebidas, ter pontos de vista e opiniões sobre tudo que percebemos. Com o terceiro compromisso, levamos isso ainda mais adiante. Não é que não se possa ter pontos de vista a respeito de mingau ou neve – ou de qualquer coisa no que isso tange. É só que não nos apegamos a esses pontos de vista. Em vez, nós os experimentamos, divertimo-nos com eles, como um ator ou atriz numa peça. Podemos dançar com a vida quando ela é uma festa tresloucada e totalmente fora de controle, assim como quando é tão terna quanto um amante. Trabalhamos com o que tivermos, com quem somos nesse instante.

Esse compromisso tem a ver com ocupar-se da simplicidade da vida, com a vida simplesmente como ela vem, sem enfeites. Começamos a ver nossos pontos de vista e opiniões – mesmo as mais calorosas – como nada mais, nada menos que nossos pontos de vista e opiniões. A neve permanece neve. O mingau permanece mingau, mesmo que nunca se queira isso no cardápio pelo resto da vida ou então o amemos tanto que abrimos um *spa* onde estará no cardápio em todas as refeições.

Pense em outro exemplo: fumar. Algumas pessoas acham que fumar é mau, a pior coisa do planeta. Outras adoram fumar e sentem-se maltratadas por todas as restrições que lhes estão sendo impostas. Contudo, fumar continua sendo fumar. Você está lendo isso e pensando que não tem certeza de poder comprar essa perspectiva – todo mundo *sabe* que o fumo é prejudicial à saúde e, veja, aqui está um estudo de 570 páginas sobre câncer de pulmão e os efeitos do fumo passivo. Mas reflita sobre a veemência com que você se opõe à ideia de que fumar é apenas fumar ou a veemência com que a apoia. Fumar pode não ser intrinsecamente certo ou errado, mas com certeza remexe numa porção de *shenpa*.

Todas as guerras, todos os ódios, toda a ignorância do mundo surgem do investimento que fazemos em nossas opiniões. E, no fundo, essas opiniões são meramente nossos esforços de escapar à inquietude subjacente de ser humano, à inquietude de sentir como se não tivéssemos chão embaixo dos pés. Então nos atemos às nossas ideias fixas de *assim é que é* e depreciamos quaisquer pontos de vista opostos. Mas imagine como seria o mundo, se conseguíssemos ver nossos gostos e desgostos como meramente gostos e desgostos e o que assumimos como intrinsecamente verdadeiro como apenas nossa visão.

O terceiro compromisso não é orientado para o futuro. É sobre estar totalmente aberto para qualquer coisa que chegue com o instante. Envolve a inclinação para nossa experiência direta, apreciá-la, ser um com ela, sem colorir as percepções com os nossos conceitos, com nosso diálogo interno, nossas interpretações do que está acontecendo. Quando nos sentimos inquietos, tendemos a ficar muito opinativos e a nos apegar aos nossos pontos de vista, tentando nos livrar desse sentimento duvidoso, ansioso. Mas outro modo de lidar com esse sentimento inquieto seria ficar presente com ele e renovar nosso compromisso com o equilíbrio mental. Esse voto requer um profundo treinamento para prestar testemunho para nós mesmos, com imensa compaixão. Prestamos testemunho de que recuamos para as ideias fixas, para a identidade fixa e apego ao ego, querendo a vida em nossos próprios termos – tudo para escapar da ambiguidade fundamental de ser humano. Com o terceiro compromisso, passamos a nos conhecer com bondade e imensa honestidade. Isso aprofunda nossa amizade com nós mesmos.

Com o compromisso de abraçar o mundo, continuamos a questionar nossa crença numa identidade fixa. Num poema escrito logo antes de sua morte, o mestre Chan [Zen Budismo chinês] Sheng Yen escreveu: "Intrinsecamente, o Eu não existe. Assim, Vida e Morte são postas de lado." No fim da vida, fica claro que não há identidade fixa, que em termos desse corpo em particular, dessa identidade em particular, vamos deixá-la para trás. Mas com isso fica a pergunta: se não existe um Eu intrínseco, então quem sente todo esse prazer e dor? O poema de morte do Mestre Sheng continua para dizer: "Dentro do vazio, sorrindo, chorando." Ele não disse: "Dentro do vazio, não se envolvendo com a vida."

Porém, é só quando o "Eu" medroso não está se debatendo com a vida, não está ficando fora de si e tentando se agarrar a ela é que esse total envolvimento é possível. Ficamos mais totalmente envolvidos em nossas vidas quando nos tornamos menos autocentrados. Conforme vamos ficando menos leais ao nosso pequeno ser egocêntrico, cada vez menos leais a uma noção fixa de quem somos ou do que somos capazes de fazer, descobrimos que também temos cada vez menos medo de abraçar o mundo como ele é. Como disse Leonard Cohen, certa vez, sobre os benefícios de muitos anos de meditação, "Quanto menos havia de mim, mais feliz eu ficava".

Entretanto, abandonar o eu fixo não é algo que se pode apenas *desejar* que aconteça. É algo a que nos predispomos com cada gesto, cada palavra, cada feito, cada pensamento. Ou vamos em direção ao deixar passar e fortalecer essa habilidade ou em direção ao nos agarrarmos e reforçar esse hábito baseado no medo. Podemos escolher a realidade – ficar com ela, estar aqui, mostrar a cara, estar abertos, nos voltarmos para as visões, sons e pensamentos que passam por nossas mentes – ou podemos escolher dar as costas, podemos muito bem continuar presos ao mesmo velho padrão de sofrimento, sem nunca chegar mais perto da experiência de despertar, de experimentar a sacralidade da nossa existência.

Certa vez, o professor tibetano Anam Thubten deu uma palestra intitulada "Apaixonar-se pelo vazio". Isso capta o sentimento do terceiro compromisso: apaixonar-se pela condição humana e não nos dividir em dois, com a suposta parte boa condenando a suposta parte má e a parte má tramando para minar a parte boa. Não estamos treinando para cultivar uma parte de nós mesmos e nos livrarmos da outra parte. Estamos treinando para nos abrirmos à coisa toda.

Em sua palestra, Anam Thubten disse que, para se apaixonar pelo vazio, precisamos nos fazer uma pergunta importante: "Estou disposto a abandonar tudo?" Ou seja, estou disposto a abandonar tudo que representa uma barreira entre mim e os outros, uma barreira entre mim e o mundo? É isso que você precisa se perguntar antes que possa inequivocamente firmar o compromisso de abraçar o mundo. Mas não há necessidade de ser duro consigo, se a resposta for um inequívoco "sim" num dia e "isso é muito difícil" no dia seguinte. Tradicionalmente, dizem que manter esse compromisso é como impedir que a poeira se acumule num espelho. Assim como com o voto do guerreiro, este voto é facilmente quebrado, mas pode ser consertado com uma simples renovação do comprometimento de ficar aberto à vida.

A vida de cada pessoa é como um mandala – um círculo vasto, ilimitado. Paramos no centro de nosso círculo e tudo que vemos, ouvimos e pensamos forma o mandala de nossa vida. Entramos numa sala e a sala é nosso mandala. Entramos no metrô e o vagão do trem é nosso mandala, desde a adolescente verificando as mensagens em seu iPhone até o sem-teto jogado num canto. Vamos fazer trilha numa montanha e todo o espaço que conseguimos enxergar é nosso mandala: as nuvens, as árvores, a neve nos picos, até mesmo a cascavel enrolada no caminho. Estamos deitados num leito de hospital e o hospital é nosso mandala. Nós não o configuramos; não escolhemos o que ou quem vai aparecer nele. Como dizia Chögyam Trungpa, é "o mandala que nunca é preparado, mas está sempre completo". E nós o abraçamos bem como ele é.

Tudo que aparece no seu mandala é um veículo para o seu despertar. Desse ponto de vista, despertar está continuamente na ponta dos seus dedos. Não há uma gota de chuva ou um montículo de cocô de cachorro que apareça em sua vida que não seja uma manifestação de energia iluminada, que não seja uma entrada para o mundo sagrado. Mas cabe a você fazer com que sua vida seja um mandala de neurose ou um mandala de sanidade.

A dor da sua mente confusa e a genialidade da sua mente desperta formam o mandala da sua vida. É um ambiente em que nascimento e morte, depressão e alegria podem coexistir. Sem problema. A beleza, a bondade, a nobreza, a excelência, a mágoa, a crueldade, a ignorância – você pode abraçar tudo isso. Não é preciso evitar nada. Até emoções difíceis como raiva, ânsia, ignorância, ciúmes e orgulho fazem parte de seu mandala e você pode lhes dar as boas-vindas.

Tudo que aparece em nossos sonhos noturnos ou em nossa vigília – em nosso mandala – é vividamente irreal e ainda assim é tudo que existe. Podemos chamar de veneno; podemos chamar de sabedoria. Seja como for, depende de nós se trabalhamos com isso ou tentamos fugir. O terceiro compromisso convida-nos a fazer do mandala da nossa vida um aliado e a terra natal da nossa iluminação.

Dogen, o mestre Zen, dizia: "Conhecer a si mesmo é esquecer de si mesmo. Esquecer de si mesmo é ser iluminado por todas as coisas." O único modo de esquecer de si mesmo – perceber que não há um Eu fixo, intrínseco – é conhecer a si mesmo. Precisamos nos conhecer total e completamente, sem nada evitar, sem nunca desviar o olhar. É preciso ser curioso em relação a essa coisa chamada Minha vida, curioso sobre essa pessoa chamada Eu. Comprometidos a abraçar o mundo, nos aproximamos e investigamos.

As últimas palavras dos ensinamentos de Dogen dizem: "Esquecer de si mesmo é ser iluminado por todas as coisas." Com esse compromisso, fazemos o voto de não atrapalharmos a nós mesmos, fazemos o voto de parar de insistir que as coisas sejam do modo que queremos que sejam e parar de insistir que o modo como queremos que sejam é o modo como realmente são. Para nos esquecermos de nós mesmos, primeiramente temos que conhecer muito bem nosso *shenpa*, nossas propensões, nossos escapes – e então estar dispostos a abandoná-los. Precisamos estar dispostos a superar a preguiça que nos mantém mordendo os mesmos anzóis repetidamente, como se isso não tivesse importância. Precisamos estar dispostos a escutar nossa sabedoria, em vez de seguirmos nossos padrões habituais, robóticos. Precisamos estar dispostos a convidar os sentimentos amedrontadores a ficar por mais tempo, para podermos conhecê-los em profundidade. Precisamos estar dispostos a alimentar a ideia de que somos basicamente lúcidos, basicamente bons e que temos o potencial de sermos total e absolutamente despertos.

Então, quando já não estivermos seduzidos pelo Eu, Dogen diz que seremos iluminados por todas as coisas. Essa é a experiência do terceiro compromisso: a vida como um mandala iluminado que está sempre nos incentivando a ficar despertos, a ficar vivos, a ficar completamente presentes, a sermos mais complacentes e disponíveis aos outros.

O compromisso de não causar dano é bem específico sobre o que devemos cultivar e do que devemos nos abster. Há uma lista de ações supostamente virtuosas e uma de ações supostamente não virtuosas. Não mentimos; somos verdadeiros. Não roubamos; somos generosos. E assim por diante. Mas com o terceiro compromisso, precisamos descobrir por conta própria como proceder. Não há instruções. Não há nada a que se agarrar. É preciso decidir por conta própria o que lhe dá força interna, o que minimiza sua confusão, o que o ajuda a desatolar, o que o aproxima de levar a vida sem um enredo. E então você se abstém de qualquer coisa que seja excessivamente opressiva no momento – qualquer coisa com que você não esteja pronto para lidar. Mas sua aspiração é sempre alcançar o ponto em que não haverá nada com que não possa lidar, nada com que não possa trabalhar. Até lá, você simplesmente se move em direção à claridade, ficando cada vez mais capaz de ver *shenpa* como *shenpa*, de ser fisgado como ser fisgado, pontos de vista e opiniões como simples pontos de vista e opiniões.

A base desse compromisso é ser honesto consigo mesmo em relação ao que pode e não pode enfrentar no momento. Se estiver tentando se recuperar do uso de drogas, por exemplo, não vai ficar saindo com o seu antigo traficante. Se estiver tentando se recuperar do alcoolismo, não vai ficar frequentando bares. Mas, ao contrário do primeiro compromisso, o terceiro não tem uma lista de faça isso e não faça aquilo, nada que diga "não frequente bares". Qualquer lista que possa haver é a sua própria – uma lista que meramente indica seu posicionamento atual. Você não está procurando evitar essas coisas pelo resto da vida. Se você for um alcoólatra em recuperação, por exemplo, provavelmente gostaria de chegar ao ponto de confiar tanto em sua recuperação a ponto de poder ajudar outras pessoas que ainda estão presas ao ciclo do vício. Para fazer isso, você pode, ocasionalmente, se encontrar num bar. Mas se, após vinte minutos no bar, você disser a si mesmo "Para realmente ajudar essa pessoa, acho que eu deveria tomar um drinque, só um", então você só está se enganando.

Precisamos decidir esse tipo de questões por nós mesmos. Quando se trata do terceiro compromisso, as decisões são pessoais, individuais. Poderíamos desejar que houvesse uma lista nos dizendo o que devíamos ou não fazer, mas não há. A responsabilidade é nossa.

Reunidos, os Três Compromissos formam a educação do guerreiro. Na senda do guerreiro, treinamos pacientemente a nunca darmos as costas para nossa experiência. E, quando damos as costas, isso se baseia na capacidade de discriminar entre dar as costas porque sabemos que não conseguiremos lidar com algo no momento e dar as costas porque não queremos sentir o que estamos sentindo, não queremos sentir nossa vulnerabilidade. No entanto, não desenvolvemos essa discriminação de repente.

Chegamos lá pouco a pouco, a cada instante, passo a passo, trabalhando com a mente e o coração.

As pessoas geralmente me perguntam: "Como sabemos se devemos nos conter em relação a algo ou ir em sua direção?" Minha resposta é, simplesmente, "pratique o que vem naturalmente na hora". Se o primeiro compromisso, de se abster, de se conter, der a impressão de que seria o mais útil, faça isso. Mas, se sentir que pode manter coração e mente abertos por mais algum tempo para alguém que o irrita ou desencadeia sua impaciência, siga seu instinto e faça isso. Assim, talvez, com base na capacidade exercida de ficar aberto por um pouco mais de tempo a essa situação, você comece a perceber o que significaria não dar as costas.

À medida que nos aprofundamos em nossa experiência, começamos a falar e agir livremente, totalmente confiantes de que não causaremos dano. Mas sem autoconsciência – sem saber se fomos fisgados, sem saber se nosso coração e mente estão abertos ou fechados – é quase certo que criaremos confusão e dor. Nossa intenção com esse voto é nos abrirmos completamente ao que surgir, experimentar exatamente onde estamos em termos de solo sagrado. Uma mente confusa percebe o mundo como confuso. Uma mente não fixada, porém, percebe o mundo como uma terra pura, um mandala de despertar.

O que está acontecendo em nossa Terra atualmente é o resultado das mentes coletivas de todo mundo no planeta. Então, a mensagem é de que cada um de nós precisa assumir responsabilidade pelo próprio estado de espírito. O terceiro compromisso mostra como o mundo poderia ser transformado de um lugar de agressividade crescente, com todos defendendo seu território e suas ideias fixas, para um lugar onde despertar.

Se nossas mentes ficam frias, cruéis e capazes de prejudicar os outros sem pensar duas vezes, a guerra irrompe e o meio ambiente se deteriora. Nem mesmo o mais brilhante dos sistemas políticos pode salvar o mundo se as pessoas ainda estiverem comprometidas com um modo de viver baseado no medo. Paz e prosperidade são geradas pelo modo como nós, os cidadãos do mundo, trabalhamos com a própria mente. Ao não fugir das vicissitudes da vida, ao nos abrirmos a todas elas, temos a oportunidade não só de mudar nossa vida, como também de ajudar a mudar a Terra.

Acho que é importante enfatizar que trabalhamos a mente e depois, com base nisso, agimos. E agimos com o entendimento de que todo mundo é basicamente bom. Ninguém é deixado de fora. Ninguém é excomungado do mandala. Quando as condições se reúnem, até mesmo as pessoas que não tiveram vidas exemplares podem mostrar-se à altura de ajudar os outros. Pense em Oskar Schindler, o industrial alemão que salvou centenas de judeus na Segunda Guerra, empregando-os em suas fábricas de munição e metalurgias. Ele não era o cara mais legal do mundo: para muitos, era um especulador que frequentava a elite da SS. Mesmo assim, Schindler defendeu obstinadamente seus operários contra os esforços nazistas para deportá-los e ele sempre será lembrado por sua nobreza e coragem.

Como Schindler, a maioria de nós é uma rica mistura de aspereza e maciez, de amargor e doçura. Mas, onde quer que estejamos nesse momento, o que quer que nossas vidas sejam, esse é o nosso mandala, nossa base de trabalho para o despertar. A vida desperta não está em outro lugar – em algum lugar distante que só é acessível quando tivermos tudo reunido. Com o compromisso de abraçar o mundo como ele é, começamos a ver que lucidez e bondade sempre estão presentes e podem ser reveladas aqui mesmo, agora mesmo.

10

Despertar no solo sepulcral

COMO DURANTE A MAIOR PARTE do ano o solo fica congelado no Tibete, é impossível enterrar as pessoas. Portanto, quando alguém morre, o corpo é cortado em pedaços e levado para o solo sepulcral, para onde vão os chacais, abutres e outras aves de rapina. Tendo membros, órbitas e entranhas espalhadas, o solo sepulcral é um lugar pavoroso, que dificilmente gostaríamos de frequentar.

Mas é bem num lugar desses, cercados por lembretes vívidos da morte e da impermanência, que bravos adeptos da meditação praticam o estar desperto e presente sob as mais difíceis circunstâncias. É bem ali, no meio de tal intensidade, que podemos treinar mais profundamente para manter o compromisso de abraçar o mundo.

O solo sepulcral tornou-se uma metáfora da vida exatamente como ela é, não do modo como gostaríamos que fosse. Nesse terreno básico, muitos tipos de experiências coexistem simultaneamente. Incerteza e imprevisibilidade, impermanência e mudança, tempos bons e tempos difíceis, pesar e alegria, perda e ganho – tudo isso constitui nosso hábitat, o mandala da nossa vida, nossa base para praticar o destemor e a compaixão. Essa é nossa potencial riqueza, nosso poder. Então trabalhamos com isso, em vez de lutar contra. Se aspiramos a encontrar a liberdade exatamente onde estamos, não poderia haver solo mais fértil para nosso despertar.

A prática do solo sepulcral testa nosso compromisso de abraçar o mundo. Estende o âmbito do "bem como ele é" para muito além do que achamos confortável. Essa é uma prática para encarar a totalidade da nossa vida, sem ocultar as partes inaceitáveis, constrangedoras, desagradáveis; sem favorecer um tipo de experiência sobre outra; sem rejeitar nossa experiência, quando ela machuca, e nem se apegar, quando se desenrola ao nosso modo. No solo sepulcral, encontramos tanto o deplorável quanto o esplêndido – a totalidade da nossa experiência como seres humanos – e descobrimos que é preciso ser um autêntico guerreiro. O esplendor da vida eleva nosso espírito e seguimos adiante com entusiasmo. Ao recebermos notícias agradáveis ou nos encontrarmos com professores inspiradores, ao desfrutar da companhia de bons amigos ou nos acharmos em lugares bonitos, ao sentirmos que tudo é ideal e vai às mil maravilhas, naturalmente nos sentimos felizes e à vontade. Mas, se toda essa boa sorte nos torna arrogantes, complacentes ou indiferentes ao sofrimento dos outros, a desventura nos faz humildes. Ela se atravessa em qualquer senso de superioridade ou direito adquirido, em qualquer ilusão de que o conforto é nosso direito de nascença. Por outro lado, se houver um excesso de desventura – muita infelicidade e desespero – isso nos faz querer desmoronar e nunca mais sair da cama. Portanto, a doçura e a dureza da vida se complementam. O esplendor proporciona visão e a desventura nos dá firmeza. Bem quando estamos prontos para desistir, uma palavra gentil, a visão do oceano ou o som de uma bela música pode salvar o dia. Bem quando estamos nas alturas e ficando arrogantes, uma súbita desventura, uma notícia ruim do médico ou a morte de alguém querido pode abruptamente nos trazer para a terra e nos reconectar com a ternura do nosso coração.

O momento mais difícil de se ficar presente é quando a vida está desconfortável, quando estamos altamente agitados e não sabemos para onde virar. No entanto, também é o momento em que fazer isso pode ser muito gratificante. A prática de ficar presente é um desafio, quando estamos desanimados, aflitos ou arrasados, quando estamos contra a parede. Mas bem ali, num aperto, temos a situação ideal para a prática. Podemos fazer algo radical: aceitar o sofrimento como parte do nosso hábitat, parte do nosso mandala iluminado e nos relacionarmos com ele de modo franco. Não despertamos num paraíso onde as circunstâncias são feitas sob medida.

Portanto, ao se encontrar numa situação que tende a desencadear suas propensões - passar uma temporada com parentes seria um exemplo excelente - você pode sentar para meditar e fazer a prática de relacionar-se totalmente com exatamente onde está. Se você conseguir ficar presente até mesmo nas situações mais desafiadoras, a intensidade da situação o transformará. Quando puder ver até o pior dos infernos como um lugar onde despertar, seu mundo mudará radicalmente.

Claro que esse não é o modo como geralmente lidamos com as dificuldades e o desconforto. Há aqueles poucos afortunados que parecem considerar tudo uma aventura, não importa o quanto seja desafiador ou doloroso, mas a maioria das pessoas não encara a vida assim. E se alguém sugerir que nosso sofrimento é uma grande oportunidade para a prática, é improvável que aceitemos isso bem. Está gravado em nosso DNA que, diante de coisas desagradáveis e assustadoras, nós procuramos a saída mais próxima. Se nos encontramos num prédio em chamas, instintivamente vamos para a porta. Muitas pessoas são levadas a uma senda espiritual por quererem fugir da dor. Pode ser um bom motivo, pois nos impulsiona a procurar respostas. O problema é que a maioria das pessoas passa toda a vida indo de uma promessa de alívio para outra, nunca ficando com a dor por tempo suficiente para aprender alguma coisa com ela.

Mais cedo ou mais tarde, porém, todos nós encontramos uma emoção intensa que não conseguimos abandonar. Pode ser o medo que surge numa situação verdadeiramente perturbadora ou o sentimento de estarmos totalmente fisgados e a ponto de sermos destruídos. Um sinal de que você já começou a prática do solo sepulcral, quer perceba ou não, é ficar animado com o surgimento de sentimentos fortes e depois, em vez de tentar se livrar deles, ir ao seu encontro com curiosidade. Quando você se abre para convidar as emoções difíceis a permanecerem o tempo suficiente e assim lhe ensinar algo, é porque já está no estado de espírito que possibilita essa prática.

Tudo que se compreendeu e internalizou com nossa dedicação aos dois primeiros compromissos serve de alicerce para a prática no solo sepulcral. Sem essa base, trabalhar com sentimentos tão intensos seria acachapante. Com o compromisso de não causar dano, aprendemos a reconhecer *shenpa* quando surge e a não agir e falar impulsivamente, em consequência da nossa confusão. O treino inicia-se pelo ficar presente e aumentar nossa tolerância ao desenraizamento. Com o segundo compromisso, damos um passo adiante e treinamos a total atenção aos nossos sentimentos e, tendo isso como base, nos disponibilizamos para os outros. Começamos a sentir profundamente nossa igualdade com todos os seres, animais e pessoas, sem distinção, e a sentir seus embates como nossos. À medida que vamos nos desenredando da confusão e da dor, desejamos ajudar os outros a também fazer o mesmo. Esse é um modo muito mais ousado, menos aconchegante de viver e nos põe diretamente em contato com o desenraizamento da nossa condição.

Tendo começado a estabelecer uma relação mais piedosa e honesta com o mundo, podemos ir ainda mais adiante e superar qualquer hesitação restante que nos impede de lidar com a feiura da vida. Com o terceiro compromisso, não rejeitamos nada que aparece em nosso mandala do despertar. Na verdade, simpatizamos com a qualidade desarrumada da vida. Bem no meio desse solo fértil, com os chacais e abutres assomando sobre nós, sentamos e começamos a praticar. Começamos com a compreensão de que só podemos experimentar um profundo bem-estar trabalhando com, não contra, a realidade áspera da vida.

Um soldado com distúrbio pós-traumático contou-me que essa abordagem radicalmente diferente para com a dor salvara sua vida. Ele finalmente encontrara um modo de trabalhar com os recorrentes *flashbacks* de ver um companheiro de quem era muito próximo ir para os ares numa explosão bem ao seu lado. Em vez de tentar se livrar das lembranças apavorantes e das emoções desencadeadas, ele fora incentivado por um terapeuta a encará-las, a se escorar nessas emoções e senti-las com o máximo de coragem possível. Fazendo isso em sessões curtas, permitira-lhe relaxar com sua vulnerabilidade e desamparo e com o sentimento de que a morte do amigo tinha sido culpa sua, que ele podia ter evitado e que não merecia ter sido ele a sobreviver. Pouco a pouco, à medida que ele foi deixando os sentimentos surgirem, aumentarem de intensidade e se extinguirem, sua descomunal sensação de culpa e fracasso começou a aliviar e pela primeira vez, em três anos, ele conseguiu dormir a noite toda.

Quando comecei a abordar a vida com um espírito mais guerreiro, ficava torcendo para que algo desse errado, de modo a ter algo realmente suculento com que trabalhar. Mas logo descobri que, por mais entusiasmo que eu tivesse para que minhas propensões aparecessem e me dessem a oportunidade de me livrar delas, quando isso aconteceu – quando o cachorro enfiou os dentes no meu braço – fiquei muito abatida. Senti uma profunda compaixão pelo que nós enfrentamos como seres humanos. Se estivermos levando essa prática a sério, as emoções e os padrões habituais com que trabalhamos podem nos atingir com tal força que é preciso muito esforço para não fugir.

Às vezes, eu me sentia que nem Odisseu, amarrada ao mastro para não seguir o canto das Sereias. Era como se um ímã gigante estivesse tentando me arrastar do estar presente. Eu mal me acomodava para meditar com um sentimento intenso quando uma vozinha em minha cabeça começava a dizer coisas como "É melhor ir ver se você apagou o fogão" e "Talvez isso seja mau para o seu coração". Nossos velhos hábitos são adversários poderosos. Mesmo que estejamos ansiando para que tudo se desfaça, para podermos nos entregar à prática do solo sepulcral, quando de fato conseguimos, a situação nos faz sofrer muito. Precisamos de uma forte motivação para ficar firmes, porque o desejo de escapar é deveras tentador.

Visto pela perspectiva da prática do solo sepulcral, o caos em nossa vida não é uma coisa terrível. É simplesmente o material com que trabalhamos. Visceralmente, no entanto, a *sensação* é terrível e não gostamos nem um pouco. Portanto, é necessário coragem e uma disciplina suave, piedosa, só para ficar sentado, centrado, meditando. O que nos impele adiante é que a prática nos coloca em contato com a energia viva das nossas emoções – uma energia que tem um tremendo poder, o poder de nos despertar. Devido à sua intensidade, ela pode emergir das nossas neuroses, emergir do nosso casulo medroso e nos lançar no mundo sagrado.

Quando falo sobre despertar no solo sepulcral, não me refiro a nenhuma forma tradicional de prática, mas sim à essência da prática. Para mim, isso é resumido por um dos ensinamentos de Dzigar Kongtrül:

> Sinta suas emoções de modo franco e abnegado e deixe que sua força o abra.

Já faz algum tempo que estou trabalhando com isso como instrução básica de prática, explorando essas palavras como apoio para nos relacionarmos com sentimentos indesejados e um modo de ir além da pequenez, complacência e egoísmo da bolha do ego, um modo de ir adiante no desenraizamento.

Comumente, emoções desconfortáveis não nos abrem, mas nos fecham. Ficamos mais medrosos. A mente enlouquece, maquinando situações elaboradas e tentando calcular como se livrar desses sentimentos inquietantes, desagradáveis. Geralmente, nossa principal estratégia é culpar os outros pelo modo como nos sentimos. Como tendemos a projetar demais sobre a situação externa, a instrução de Dzigar Kongtrül é passar por nossas reações habituais e sentir as emoções de modo franco, *diretamente*. *Diretamente* significa sem comentário, sem interpretação, sem ter uma conversa mental sobre o que está acontecendo. Significa não encarar as emoções como adversárias, mas ficar com elas, abraçá-las, ficando íntimos. Se surgirem pensamentos, a instrução é interromper seu ímpeto deixando-os passar e depois ficar novamente com a crueza da energia. Vivenciar a crueza da emoção diretamente é como, acidentalmente, pôr a mão numa chapa quente e sentir a dor como pura sensação, sem adornos.

Quando você toca uma chapa quente, assim que se conscientiza da dor, puxa a mão, não a deixa ali para explorar a sensação. Do mesmo modo, na prática do solo sepulcral, só ficamos brevemente presentes com uma emoção forte. A instrução é: *momentos curtos, repetidamente*. Em vez de tentar aguentar uma exposição prolongada a um sentimento intenso, nós o tocamos por apenas dois ou três segundos e depois fazemos uma pausa e respiramos suavemente antes de tocá-lo de novo. Ou podemos simplesmente ficar com o sentimento perturbador por cinco a seis minutos e depois seguir com nosso cotidiano, mas em contato com nossas emoções e, assim, com menos probabilidade de sermos arrastados por elas.

Praticar no solo sepulcral é como dar pequenos goles num remédio amargo ao longo do tempo, em vez de beber o vidro inteiro de uma só vez. Gradativamente, de gole em gole, pouco a pouco, criamos as condições de ficar presentes ante qualquer coisa que esteja acontecendo em nosso corpo e mente. Cultivamos novos modos de ver nossa experiência, novos modos de lidar com o desconforto, novos modos de abraçar o desenraizamento. O soldado que sofria de distúrbio pós-traumático contou-me que a instrução de fazer a prática em pequenos bocados tinha sido fundamental para capacitá-lo a ficar no presente.

A prática do solo sepulcral, como estou descrevendo, costuma ser feita no ato, onde você estiver, com qualquer coisa que esteja acontecendo no momento. *Deixe que sua força o abra*, dizem as instruções. Deixe que a força das emoções o abra. Tome seu assento no meio do seu hábitat e desperte sua segurança – a capacidade inata de se abrir para sua experiência. Assim como na prática dos três passos, você fica totalmente no instante presente e ciente do que está sentindo física e mentalmente. Você tem a sensação de estar completamente aqui. Depois, estende a ternura a sua situação interna – seus sentimentos, seu estado de espírito –, assim como a sua situação externa. Você se encontra com o que estiver acontecendo com curiosidade e compaixão, sem se distanciar daquilo, sem ter uma ideia preconcebida do que está acontecendo, sem fazer nada para aumentar ou exagerar a situação. Apenas se abrindo para ela tão completa e autenticamente quanto puder.

Mas exatamente como nos abrimos completamente? Essa é uma pergunta que me fazem com frequência. *Abrir-se* significa algo diferente para cada um, então cada pessoa precisa encontrar seu próprio modo de abordagem. Um modo de experimentar o sentimento de se abrir é prestando atenção às suas percepções sensoriais. Simplesmente faça uma pausa e escute. Escute atentamente por alguns instantes os sons em volta, depois os sons distantes. Escute sem descrever a experiência para si mesmo nem tentar saber o que está ouvindo. Outro modo de se abrir para o som é sair para uma caminhada e deixar que a audição seja a principal sensação.

Você pode experimentar esse mesmo exercício com o paladar. Feche os olhos e faça alguém colocar algo de comer em sua boca sem lhe dizer o que é. Veja se consegue sentir o primeiro sabor sem qualquer ideia preconcebida. Nem que seja por um instante, veja se consegue ter uma experiência nova, não condicionada, do gosto como gosto, nada mais.

Essa prática pode ser feita com qualquer dos sentidos. Com os olhos fechados, faça alguém levá-lo para uma curta caminhada e então posicioná-lo diante de um objeto. Abra os olhos e olhe para o objeto como se fosse pela primeira vez. Ou última. Se você soubesse que iria morrer em poucos minutos, ficaria automaticamente bem aberto, muito receptivo a tudo que acontecesse naqueles minutos – as visões, os sons, os sentimentos de seus últimos momentos.

Dzigar Kongtrül também nos instrui a nos relacionarmos com nossos sentimentos de um modo "abnegado". O que significa experimentar os sentimentos abnegadamente? Significa experimentá-los sem solidificá-los, sem concretizá-los, sem se apegar a eles como *meus* sentimentos, sem projetar nossas interpretações neles. Significa vivenciá-los sem nossa "viagem" pessoal. "Diretamente" é algo que podemos treinar, mas "abnegadamente" é algo que começamos a compreender com o tempo. Não dá para forçar. Para mim, sentir as emoções de modo abnegado é algo que acontece organicamente, naturalmente, como resultado de lhes dar toda a atenção sem o enredo. Então, a emoção torna-se a entrada para a ausência do ego – a entrada para experimentarmos a impermanência de um Eu fixo, a ilusão de um Eu fixo, a qualidade dúbia de um Eu imutável, confiável.

Descobrimos a abnegação gradativamente, mas o pré-requisito é sempre estar presente. Quando conseguimos ficar presentes com uma emoção sem distrações, descobrimos rapidamente o quanto imaterial e fugaz ela é. O que parecia tão ameaçador, tão sólido, tão duradouro, começa a se dissolver, proporcionando-nos uma imediata experiência de impermanência, conforme os sentimentos surgem, residem e depois se vão. Sentimos uma emoção e ela ameaça nos dominar, mas, se ficarmos abertos a ela e olharmos diretamente para ela, ela desaparece de todo ou se transforma em outra coisa. Medo pode transformar-se em tristeza. Raiva em desesperança. Alegria em vulnerabilidade. Quando as emoções começam a passar, nunca sabemos em que irão se transformar.

Ficando presentes com a impermanência e a mudança, nos tornamos mais seguros, mais destemidos, aceitamos melhor o desenraizamento da condição humana. Nossa experiência de abnegação aprofunda-se. Se tivermos coragem suficiente para experimentar nossas emoções direta e abnegadamente, elas perdem seu poder de sedução. A professora budista Dipa Ma deu a seguinte instrução sobre relacionar-se com as emoções abnegadamente: "Quando se sentir feliz, não se envolva com a felicidade. Quando se sentir triste, não se envolva com a tristeza. Apenas fique consciente delas."

Quando você não está mais tão enredado com as emoções, pode vivenciar seu poder diretamente. Sua intensidade, sua energia dinâmica, em vez de assustá-lo, desperta-o. Você não descobre isso tentando transcender a amargura da vida, mas sim assumindo seu lugar no solo sepulcral com a segurança de que ali é o seu lugar. Esse é o seu hábitat. É aí que você desperta. Com a prática do solo sepulcral, você não se detém. No processo, desenvolve o gosto pelo estado desperto.

A forma básica da prática do solo sepulcral é conhecida. Essencialmente, é a mesma da prática dos três passos. A diferença é que, na prática do solo sepulcral, você está trabalhando com algo, está se abrindo para algo muito mais desafiador, muito mais intenso. Quando você se descobrir não querendo sentir o que está sentindo, provavelmente chegou a hora de adotar essa prática.

Comece por vir totalmente para o presente. Depois, de pé ou sentado, assuma seu lugar com contentamento, sem medo e confiante, no meio do caos e dor da sua vida.

Sinta seu coração e perceba que esse lugar desagradável é viável, que existe lucidez ali. Permita-se ficar suave e terno, mais acessível e mais inquisitivo.

Então, dê um salto para o momento seguinte, "subitamente livre da mente fixa", como Chögyam Trungpa colocou. Vá em frente com compaixão e uma mente aberta.

Quando você pratica o solo sepulcral, nem que seja por alguns segundos, algo começa a mudar em seu interior. Voltar-se para a intensidade da vida e acolhê-la não só lhe proporciona uma experiência direta de impermanência, morte e abnegação, como também o faz apreciar o desenraizamento da vida, a vida como ela realmente é.

Conheço presidiários que fazem uma prática diária de solo sepulcral. Naquele ambiente, o medo da morte é bem real. Um deles me contou que por quase um ano teve medo de sair para o pátio, pois havia outros presidiários a fim de matá-lo. Então ele encarou seu medo e sentou-se com ele em meditação repetidamente na cela. Em consequência, a sensação foi de tirarem uma carga de suas costas e agora ele conseguia ficar aberto a qualquer coisa que acontecesse com os outros homens e consigo mesmo; conseguia ir para o pátio, sentar-se ao lado de alguém e perguntar: "Como vai indo sua vida?" E os homens falavam o quanto a coisa estava ruim para eles. Sua vida começou a parecer um paraíso em comparação ao que era para tantos presidiários. "De qualquer jeito, todos nós vamos morrer", ele me falou, "então estou mais interessado em aproveitar a vida e ajudar como puder, em vez de ficar na minha cela por medo de perder a vida."

É só tocando completa e diretamente a realidade do que está nos acontecendo interiormente que conseguimos abraçar a amargura, a aspereza, o desenraizamento essencial da vida tão prontamente como abraçamos a doçura. Porém, quando a situação externa é tão instável como a atual – insegurança financeira, inquietação política, desemprego, falta de moradia, guerras em ascensão e caos – fica muito difícil fazer isso. Então, como mantemos nossa compaixão e bondade em meio a todo esse tumulto? Nós nos voltamos a ele com uma atitude diferente. Cada dia é uma oportunidade de praticar no solo sepulcral.

Quer nos irritemos porque alguém pegou nossa vaga no estacionamento ou por que estamos sobrecarregados por doença, dívida ou *flashbacks*, tudo é uma oportunidade para despertar. A intensidade da vida hoje em dia está desencadeando altos níveis de ansiedade e inquietude interior, criando o ambiente ideal para a prática do solo sepulcral. Podemos fazê-la em pequenos bocados durante o dia, com a atitude de que estamos no centro de nossa vida confiantemente e que o assumimos como nosso terreno de treinamento. Esse é o momento e o lugar onde podemos penetrar no mundo sagrado.

É fundamental para todos nós descobrir uma prática que nos ajude a ter uma relação direta com o desenraizamento, a impermanência e a morte – uma prática que nos possibilite a comunicação com a transitoriedade dos nossos pensamentos, emoções, sapatos, carro, a pintura da nossa casa. Podemos nos acostumar com a qualidade efêmera da vida de um modo natural, suave, até alegre, observando as estações mudar, o dia virar noite, observando as crianças crescerem, castelos de areia se dissolverem, sendo devolvidos ao mar. Mas se não encontrarmos um modo de ficar amigos do desenraizamento e da energia sempre mutável da vida, estaremos sempre lutando para encontrar estabilidade num mundo cambiante. Então, velhice e morte chegarão, provocando um choque terrível. Sem dúvida, a maioria das pessoas tem medo da morte e há desvantagens em envelhecer. Já não se ouve tão bem, as costas doem, nos esquecemos das coisas. Os mais jovens, se é que o notam, o veem como algo gasto, inútil, passado, o que acaba com sua autoimagem.

Conforme treinamos no solo sepulcral, descobrimos que a morte não é uma inimiga e que envelhecer não precisa ser tão assustador. Descobri que a idade traz muitas vantagens. Uma delas, eu deixo as coisas passarem com muito mais facilidade: saber que tudo passa com tanta rapidez torna tudo que encontro extremamente precioso. Eu sei que cada sabor, cada aroma, cada dia, cada encontro, cada despedida, poderia ser meu último. Quando vejo pessoas curvadas, arrastando os pés em andadores, eu sei que isso pode estar me aguardando. Comecei a me identificar com os muito idosos tão intimamente que, em vez de me horrorizar, sinto imensa compaixão.

À medida que me aproximo da morte, fico inspirada a continuar treinando na prática do solo sepulcral com essa oração de Dzigar Kongtrül:

> Quando se dissolverem as aparências desta vida,
> Que seja com facilidade e grande alegria
> Que eu abandone todos os apegos a esta vida,
> Assim como um filho que retorna a casa.

O terceiro compromisso abre-nos verdadeiramente à realidade. Conseguimos ficar presentes com a impermanência, a morte e até com os momentos mais assustadores e humilhantes da vida. Já não estamos procurando outra coisa que não o aqui e agora, não estamos mais procurando o mundo ideal. No meio do solo sepulcral, no meio do mandala da nossa vida, podemos finalmente contemplar desenraizamento, impermanência, velhice, doença e morte, além de ficar à vontade com a ideia: "É assim que as coisas são. Minha velha camisa não vai durar para sempre e nem eu."

Últimas palavras

Nessa época da história, não devemos tomar nada pessoalmente, menos ainda a nós mesmos. Pois, no momento em que o fazemos, nosso crescimento e jornada espiritual se interrompem. A época do lobo solitário acabou.

— A profecia dos Anciões Hopi, 2000

11

Somos necessários

No pior momento da minha vida, quando eu estava me sentindo completamente desanimada, comecei a ver corujas durante o dia. Eu estava em desespero total e então olhava para cima e lá, sobre a pilha de lenha, pousada numa árvore ou no alto do penhasco, estava uma coruja – e ela piscava para mim. Aquilo sempre me fazia rir de mim mesma e seguir adiante com uma virada total de perspectiva.

Quando a vida fica difícil, fazer um compromisso com a lucidez pode proporcionar esse mesmo tipo de chamado ao despertar. Quando você está trabalhando com qualquer dos Três Compromissos, ganhará uma nova perspectiva justamente quando mais estiver precisando – quando está a ponto de desmoronar.

Então, vou deixá-lo com uma pergunta: você está pronto para firmar um compromisso? É a hora certa de se comprometer a não causar dano, a beneficiar os outros, a abraçar o mundo bem como ele é? Você está disposto a firmar qualquer um – ou todos – desses compromissos por toda a vida, por um ano, um mês ou nem que seja por um dia? Se você sentir que está disponível para tal, comece de onde está e vocalize o compromisso para si mesmo, para um amigo, mentor ou professor espiritual. Você firma o compromisso sabendo que, se quebrá-lo, irá simplesmente reconhecer isso e recomeçar.

Subjacente à pergunta sobre estar pronto para firmar esses compromissos, fica outra mais profunda: você está pronto para embarcar na jornada de abraçar o desenraizamento da vida? Está pronto para considerar a possibilidade de se apaixonar pela realidade sempre mutável, totalmente incerta da nossa situação? Os Três Compromissos, como aqui apresentados, são um apoio para perdermos nosso medo do desenraizamento, para fazermos amizade com a ambiguidade essencial de ser humano.

Outro dia, acordei de manhã preocupada com o bem-estar de um amigo querido. Senti aquilo como uma dor no coração. Quando me levantei e olhei pela janela, vi tanta beleza que aquilo parou minha mente. Simplesmente fiquei lá, com o coração partido pelo estado do meu amigo, vendo as árvores pesadas com a neve recente, um céu que estava azul arroxeado e uma leve neblina que cobria o vale, transformando o mundo numa visão da Terra Pura. Bem na hora, um bando de pássaros amarelos pousou na cerca e olhou para mim, aumentando ainda mais meu assombro.

Percebi então o que significa reter a dor no coração e ao mesmo tempo ser profundamente tocado pelo poder e magia do mundo. A vida não precisa ser de um modo ou de outro. Não precisamos ficar pulando para a frente e para trás. Podemos viver maravilhosamente com o que vier – coração partido e alegria, sucesso e fracasso, instabilidade e mudança.

Desenraizamento, incerteza, insegurança, vulnerabilidade – essas palavras costumam carregar uma conotação negativa. Geralmente tememos esses sentimentos e tentamos nos esquivar deles de qualquer maneira possível. Mas não precisamos evitar o desenraizamento. O mesmo sentimento que achamos tão problemático ao nos abrirmos para ele, pode ser experimentado como um enorme alívio, como libertação de todas as contenções. Pode ser experimentado como uma mente tão imparcial e relaxada que nos sentimos expansivos e contentes.

Shantideva experimentou-a assim:

Quando real e irreal
Estão ausentes da mente,
Nada resta à mente fazer
Além de repousar em paz,
Livre de conceito.

Mas como ocorre essa mudança? Como algo de que desgostamos tanto pode tornar-se tão tranquilizante? O sentimento propriamente dito não muda. Só paramos de resistir a ele, paramos de evitar o inevitável. Paramos de lutar contra a qualidade dinâmica, sempre mutável da vida e, em vez, nos acomodamos e aproveitamos.

Chögyam Trungpa demonstrou a natureza coemergente dos sentimentos num ensinamento sobre o tédio – sobre como nos sentimos quando nada está acontecendo. Tédio quente, ele disse, é um sentimento inquieto, impaciente, de eu-quero-sair-já-daqui. Mas também podemos experimentar o nada acontecendo como tédio frio, como um sentimento despreocupado, espaçoso de estar completamente presente sem diversão – e ficar bem à vontade com isso.

De modo semelhante, o sentimento de não ter nada a que se agarrar, que rotulamos de desenraizamento, pode-se transformar do desenraizamento quente, nauseante, desagradável, que evitamos, para um desenraizamento frio, que achamos simultaneamente revigorante e profundamente relaxante. Isso eu chamo de desenraizamento.

É natural querer alívio do estresse que sentimos quando nos deparamos com a incerteza essencial – a inquietude, a tensão, a rigidez na nuca. Não há motivo para nos repreendermos por não vivenciarmos o desenraizamento como positivo. Na verdade, quando estamos nos desapegando da certeza, não é má ideia ter um grau de certeza como apoio. Mas qual é o tamanho do cobertor de segurança de que você precisa? Isso só você pode responder. Qualquer coisa que procure – as práticas aqui apresentadas, uma comunidade de amigos que também estão nesse caminho, um professor que respeita – você se segura naquele cobertor de segurança temporariamente, com a aspiração de perceber que no fim das contas não há cobertor de segurança e com a intenção de experimentar essa percepção como libertadora e não apavorante.

É como diz o ensinamento zen-budista: precisamos da balsa para atravessar o rio, mas ao chegarmos do outro lado, deixamos a balsa para trás. Não a arrastamos por aí eternamente.

A diferença em nossa história é que a balsa nunca vai além do meio do rio. Ela flutua com segurança enquanto trabalhamos com o primeiro compromisso, mas começa a se desfazer com o segundo e se desintegra de todo com o terceiro. A essa altura, no entanto, não ter nada a que se agarrar já não é problema.

Chögyam Trungpa costumava conduzir retiros de três meses e, num dos anos, fui a organizadora da prática. Meu serviço era garantir que tudo corresse bem no salão de meditação, que tudo saísse conforme o cronograma. Eu ficava tão satisfeita quando tudo funcionava com regularidade e precisão – e depois Chögyam Trungpa nos desconcertava completamente. Se a palestra da tarde estivesse marcada para as 15h, ele chegava às 15h no primeiro dia, às 16h no dia seguinte e no terceiro nos deixava esperando até às 17h. Ao chegar à quarta palestra, estávamos esperando até às 22h. Palestra sobre o desenraizamento! O departamento de prática não sabia como organizar um cronograma. Os cozinheiros não sabiam quando servir as refeições. Depois de algum tempo, quase não tínhamos certeza se era dia ou noite.

Acabou que esse foi o melhor tipo possível de treinamento para abraçar a ambiguidade essencial da condição humana, o desenraizamento fundamental da vida. Podemos gritar e nos indignar o quanto quisermos quando nossos planos cuidadosamente feitos são contrariados, quando nossos cronogramas voam pela janela, quando as pessoas não aparecem quando disseram que viriam e sim quando menos esperamos. Em algum ponto, porém, simplesmente temos que desistir e nos rendermos à vida, ficando abertos às ilimitadas possibilidades do que – e quem – pode aparecer em nosso mandala.

Os Três Compromissos são instrumentos de apoio extremamente úteis para pisarmos no desenraizamento. Eles nos oferecem orientação sobre o que fazer, o que não fazer e o que esperar ao longo do caminho. O que não podem nos informar é como vamos nos sentir ao seguir por esse caminho, qual é a sensação de trocar a resistência ao desenraizamento pelo abraçá-la. Pensei numa analogia que se encaixa nessa transformação inexprimível: a experiência de se retirar densas cataratas dos olhos. Após uma semana da realização desse procedimento, olhei em volta e fiquei sem fôlego ao enxergar o mundo com minha nova e desanuviada visão. Tudo estava visualmente formidável. Eu poderia usar palavras como *vívidas* e *vibrantes* para descrever as cores. Poderia usar expressões como *um céu mais vasto* e *vistas imensas* para descrever a paisagem. Mas nenhuma dessas palavras, ou nenhuma outra em que consiga pensar, poderia transmitir adequadamente a sensação de magnificência que senti ao ver o panorama multidimensional brilhantemente colorido. Até então, eu não percebera o quanto minha visão estava limitada.

Essa experiência me lembra uma tradicional história tibetana chamada "O sapo no poço". Certo dia, um sapo, que passara toda a vida num poço, recebeu a visita de um sapo que vivia perto do oceano. Quando o sapo do poço perguntou sobre o tamanho do oceano, o visitante disse, "É gigantesco". "Você quer dizer cerca de um quarto do tamanho do meu poço?", perguntou o sapo do poço. "Muito maior", foi a resposta. "Você quer dizer que é tão grande quanto o meu poço?", perguntou, incrédulo, o sapo do poço. "Muito maior. Não tem comparação", disse o sapo do mar. "Isso é impossível. Não acredito em você", disse o sapo do poço. Então eles partiram juntos para ver. E, quando o sapo do poço viu a vastidão do oceano, foi tal o choque que sua mente não conseguiu compreender e ele morreu bem na hora.

A jornada pelos Três Compromissos não provocará sua morte, mas certamente o deixará sem fala. Não é possível colocar em palavras – nas minhas ou de qualquer outro. É preciso experimentar pessoalmente. É preciso fazer essa jornada por conta própria.

Quando treinamos nos Três Compromissos, descobrimos o que nos é possível como seres humanos. Fazer cada voto de uma vez e integrar o que ele tem a nos ensinar é algo como passar de criança – cheio de ânsia, explodindo de vida, mas sem saber bem o que vem pela frente – a um ser humano totalmente maduro, completo, que vive num mundo vividamente irreal e mesmo assim sempre presente.

Em sua profecia de 2000, os anciões Hopi disseram que, para não nos destruirmos nesses tempos turbulentos, é preciso largar a margem e ficar no meio do rio, no fluxo incessante da vida. Mas não disseram que precisamos fazer isso sozinhos. "Veja quem está lá e celebre", disseram eles. "A época do lobo solitário acabou".

Com o passar dos anos, passei a entender que, mesmo que quisesse ser um lobo solitário, não conseguiria. Estamos todos juntos nessa, todos tão interligados que é impossível despertar sem o outro. É preciso ajudarmos uns aos outros a soltar a margem do rio e a ficar no meio sem colete salva-vidas, sem boias e sem intenção de voltarmos a nos agarrar em alguma coisa. Os Três Compromissos lançam-nos numa jornada arrebatadora, uma jornada doadora de vida, de nos apreciarmos uns aos outros e ao nosso potencial ilimitado de bondade.

O grito do guerreiro é: "Somos necessários". Fazemos essa jornada por amor a nós mesmos, aos nossos entes queridos, nossos inimigos e todos os outros. Visto que compartilhamos o mesmo planeta, é loucura continuar agindo de modo a destruí-lo.

Que possamos todos aprender que a dor não é o fim da jornada, assim como o prazer também não. Podemos conviver com ambos – na verdade, conviver com tudo – ao mesmo tempo, relembrando que tudo nesta época quixotesca, imprevisível, instável, inquietante, arrebatadora e que alvoroça o coração é uma entrada para o despertar no mundo sagrado.

Agradecimentos

Aos meus professores, Cögyam Trungpa Rinpoche, Dzigar Kongtrül Rinpoche, e Sakyong Mipham Rinpoche, ofereço a minha gratidão por tudo que me ensinaram e pela paciência que tiveram comigo.

À minha paciente e leal secretária Glenna Olmsted e a Greg Moloney, envio a minha profunda admiração pela ajuda em datilografar este manuscrito, pelo suporte e gentileza.

À minha editora Joan Oliver, estendo os meus agradecimentos mais profundos por transformar o texto transcrito de minhas falas neste precioso livro. Foi realmente um grande prazer ter podido trabalhar com a Joan.

Também quero expressar o meu agradecimento a Dave O'Neal, meu editor na Shambhala Publications, pela sua ajuda e encorajamento.

Este livro foi composto na tipologias Minion Pro,
em corpo 11/15,5, e impresso pela Gráfica Vida e Consciência,
em papel pólen bold $90g/m^2$ e a capa em papel cartão supremo $250g/m^2$.